U0882563

先辈丛书·回忆录卷

毛主席教我们当省委书记

陶鲁笳 著

中共党史出版社

图书在版编目（CIP）数据

毛主席教我们当省委书记 / 陶鲁笳著．-- 北京 ：中共党史出版社，2025.4（2025.11 重印）．--（先辈丛书）．-- ISBN 978-7-5098-6761-7

Ⅰ．A752

中国国家版本馆 CIP 数据核字第 2024SV3793 号

书　　名：毛主席教我们当省委书记
作　　者：陶鲁笳

出版发行：中共党史出版社
责任编辑：赵雨
责任校对：申宁
责任印制：段文超
社　　址：北京市海淀区芙蓉里南街 6 号院 1 号楼　**邮编：**100080
网　　址：www.dscbs.com
经　　销：新华书店
印　　刷：北京中科印刷有限公司
开　　本：710mm × 1000mm　1/16
字　　数：174 千字
印　　张：10.25
版　　次：2025 年 4 月第 1 版
印　　次：2025 年 11 月第 3 次印刷
书　　号：ISBN 978-7-5098-6761-7
定　　价：32.00 元

此书如有印装质量问题，请联系中共党史出版社读者服务部　电话：010-83072535
版权所有 · 侵权必究

陶鲁笳

自　序

1993年12月，我曾把1990年以后自己在报刊发表的回忆毛主席的文章，辑成一册，由山西人民出版社出版了一本《一个省委书记回忆毛主席》，作为一瓣心香，献给毛主席百年华诞，聊寄对老人家深深的怀念。

2003年，我把近两年新写的文章收集起来，又将前书中的文章做了些重要修改，编辑到一起，由中央文献出版社出版。这里主要是回忆当年毛主席怎样耳提面命、言传身教地教导我们当好省委书记，全心全意为人民服务的。因此，以开卷篇《毛主席教我们当省委书记》的题目做书名，当会更准确、鲜明地反映全书的主题。

毛主席是伟大的马克思主义理论家、战略家和实践家，他把马克思主义与中国的国情相结合，和他的战友们一道，创立了中国的马克思主义——毛泽东思想。他领导中国共产党和全中国人民，推翻三座大山，建立了新中国，又不停顿地投入社会主义革命和建设的伟大探索中。在这光辉的战斗历程中，取得过伟大胜利，也经受过失败，特别是“文化大革命”那样严重的失败。对于毛主席在新中国成立后的功过是非，党的十一届六中全会《关于建国以来党的若干历史问题的决议》，已经作出实事求是的结论，我是完全拥护的。

毛泽东在中国这样一个大国所创立的具有世界意义的历史功勋，是谁也抹煞不掉的。毛泽东作为一位历史伟人，他属于中国、属于世界；毛泽东思想作为人类的精神财富，在他生前属于中国、属于世界，在他身后，仍然属于中国、属于世界。

人们深情地思念毛主席。越来越多的人，把怀念和敬仰之情，变成学习毛泽东、研究毛泽东的热情和积极性，在中国、在世界，正出现一个研究毛泽东的热潮。在我国毛泽东研究的科学园地里，更是一片百花争艳的喜人景象。不仅有许多专家学者、专业人员从事专门研究，而且越来越多的普通干部、工人、农民，特别是青年学生，纷纷加入研究毛泽东的行列。他们从不同角度、不同侧面、不同层次，对毛泽东进行全方位的深入研究。这体现了我国社会科学研究领域思想活跃、学术空气浓厚，学术研究趋势日益繁荣。遵循党的“百花齐放、百家争鸣”的方针开展学术研究，人们在某个问题或某个方面得出相同或不同的结论是正常的，学术观点的多样性，是应当允许而无需大惊小怪的。要求学术研究的结论千篇一律，只能使人们思想僵化，不利于毛泽东思想的继承和发展。凡能冠以“科学”的研究，必须根据真实有据的史料，而不能人云亦云，更不能依据以讹传讹的道听途说。因此，重要的是掌握真实可靠的史料。正是为了帮助人们做到这一点，我把同毛主席接触的往事，一一回忆起来，写成文章，编成书，献给读者。

吾生也晚。我没有跟随毛主席爬雪山、过草地。1936 年，在石家庄入党后，我就盼着去延安面聆毛主席教诲，因工作原因未能如愿。八年全民族抗战、三年解放战争，我一直在太行山根据地工作，没有机会去延安，夙愿也没能实现。直到 1949 年 4 月，我作为太行区党委书记，去北平香山双清别墅向毛主席汇报工作，才第一次见到毛主席。那年我 32 岁。从 1953 年 1 月到 1965 年 8 月，我担任中共山西省委第一书记期间，有幸直接接触毛主席不下 40 次，参加毛主席主持的小型会议就有 20 多次，同桌进餐也有八九次。最难忘的是 1957 年夏季参加青岛会议那次。会议结束时，山东省委宴请与会同志。我因事迟到了，走进餐厅时，除中央领导同志那桌还有空座外，其余餐桌均已座无虚席。我一眼看到，周总理在招呼我，我便坐到他身边。一会儿，毛主席来了，正好坐在我右边。他似乎发现我有些紧张，就边说笑，边为我夹菜。在两位伟人之间吃的这顿饭，那种既兴奋又拘谨的心态，仿佛就是昨天的事。回想起来，这十多年的历程和机遇是我一生中最幸运、最难忘的美好时光。

毛主席逝世以后，当年那些最美好的记忆化作汇聚心头、无法排遣的不尽思念。

1990 年以后，我陆续把这绵绵思念一段段理出来，述诸笔端，整理成回忆文章。但我并非对往事简单追述。我像学生咀嚼、消化老师讲过的课那样，对往事的每个细节，都认真地再思考、再体会，并努力把自己的新感悟、新体会，表述到文章里。收入本书的文章，除《毛主席畅谈“四面八方”》是属于新民主主义革命时期的以外，其他都是属于社会主义革命和建设时期的，所有的这些文章，主要是依据我听毛主席谈话、讲话的个人笔录整理而成的。

本书在时间上涵盖的历史跨度是 1953 年 1 月到 1965 年 8 月这 12 年零 8 个月。按内容，可分三类：第一类是毛主席言传身教，生动地体现实事求是、调查研究、群众路线、理论联系实际、密切联系群众、批评与自我批评等优良传统和他那独特、卓越的领导方法、工作作风与学风、文风。我尽量通过描述具体事例，使读者从中得到具体的感受。第二类是毛主席在社会主义革命和建设的试验与探索中，总结实践经验，创造性地提出的新观点、新思路。现在看来，当年毛主席是要探索一条不照搬苏联模式而又胜于苏联的中国型的社会主义道路的，但客观实际不以人的主观愿望为转移，在探索过程中，经历了曲折与失误。如何看待这些曲折和失误？我认为，科学的态度是具体问题具体分析，不能因为这段历史中我们经历了曲折与失误，就把一切都看得漆黑一团，一无是处。应当看到，在那段历史中，还是有一些闪光的东西值得珍视的，它们对于今天的中国和明天的中国还是有益的。

党的十一届三中全会以来，邓小平同志总结了正反两方面的历史经验，尔后又总结了改革开放的实践经验，使之上升为建设有中国特色社会主义理论，继承、丰富和发展了毛泽东思想，创立了当代中国的马克思主义。本书正是想通过历史回顾，使人们对邓小平建设有中国特色社会主义理论的理解有所帮助。

书中第三类文章涉及至今仍有争议、评说不一的历史问题。我依据十多年间的现场笔录和山西省委保存的档案，力图把毛主席当年讲到这些事件和问题的话，如实地记录下来，重现这些历史事件和有争议问题的本来面目。

这本小书，若能给研究毛泽东提供一些可资参考的真实史料，我就很满意了。当然，即使是史料性的文章，也不能不反映作者的观点，而我所了解的情况和对问题的认识，由于历史的局限性和个人思想水平所限，难免有缺点和错误。我诚恳地期望读者批评指正。

目　录

毛主席教我们当省委书记

毛主席说，省委第一书记不要光搞实际，九分搞实际，有一分还要搞理论嘛；我们要进行两条战线的斗争，既反对“左”，也反对右；要警惕干部生活上的特殊化、贵族化；在党内的路线斗争中，应当表示态度，应当坚持原则；要反对官气，这对中央和省、市、自治区两级领导同志来说，尤其重要；教育干部是一个战略问题，省委第一书记要亲自抓；省级报纸也要认真办好，关键是第一书记挂帅；开会要注意抓思想动向；对犯错误者的态度和方法是：第一条保护他，第二条批评他；一个人受到冤屈……要相信我们的党是掌握真理的党，是实事求是的党。

从1953年1月我被任命为中共山西省委书记，1953年7月根据中央决定改称省委第一书记，到1965年8月我奉命调离山西，先后12年零8个月，是我一生中在毛主席直接教诲下度过的最难忘怀的岁月。毛主席是怎样教育我们这一代省委第一书记的？这是我每当回忆辞去的岁月时都在反复思索的课题。我曾写过的几篇回忆文章，例如《毛主席教我们读书》《毛主席谈辩证法》等，都同毛主席教我们当省委书记这个主题直接相关，但它们都欠全面。毛主席为了教我们当好省委书记，倾注了那么多的心血，寄予了那么多的厚望，这笔珍贵的精神遗产，我们是决不能忘怀的。现在，我重新翻阅那12年间的现场笔录，并围绕这个主题，从中归纳出12个要点，分述如下。

省委第一书记要抓理论工作

1956年11月，毛主席在八届二中全会上说，苏共二十次代表大会之后马克思主义理论衰退了。赫鲁晓夫的报告说，可以经过议会道路去夺取政权。这就是说，各国可以不学十月革命了。这个门一开，列宁主义就基本上丢掉了。我们说，列宁主义发展了马克思主义。在哪些地方发展了呢？一、在世界观即唯物论和辩证法方面发展了它；二、在革命的理论、革命的策略方面，特别是无产阶级专政和无产阶级政党等问题上发展了它。列宁还有关于社会主义建设的学说，从1917年十月革命开始，革命中间就有建设，他已经有了七年的实践。这是马克思所没有的。我们学的就是这些马克思列宁主义的基本原理。我们的群众路线也是从十月革命学来的。可是现在他们不要了。省委第一书记不要光搞实际，九分搞实际，有一分还要搞理论嘛！实际固然要，理论更重要。他们抛弃了列宁主义学说，我们中国要捍卫和发展马克思列宁主义。

1957年1月，毛主席在省、市、自治区党委书记会议上说，官做大了也可以利令智昏。当了第一书记[①]，也是一种利，也容易使人头脑发昏。周恩来同志率领代表团到苏联去，我在电话里就跟他说，这些人利令智昏，对他们的办法，最好是臭骂一顿。什么叫利呢？无非是五千万吨钢，四亿吨煤，八千万吨石油。这算什么？这叫不算数！看见这么一点东西，就居然涨满了一脑壳。

① 指赫鲁晓夫。

这叫什么共产党员，什么马克思主义者！我说再加十倍、一百倍，也不算数。你无非是在地球上挖了那么一点东西，变成钢材，做成汽车飞机之类，这有什么了不起。可是你把它当作那么大的包袱背在背上，什么革命原则都不顾了。这还不叫利令智昏。

1962 年 12 月，陶鲁笳在会议室看报。

毛主席的这一段话，也给我们当省委第一书记的敲了一下警钟。如果你工作有了成绩就骄傲起来，就翘尾巴，你总有一天也会像赫鲁晓夫一样利令智昏的。

毛主席还说，苏共二十大以来，从前拥护斯大林非常积极的人，这时候也反得非常积极。我看这些人不讲马克思列宁主义，对问题不作分析，也缺乏革命道德。马克思列宁主义也包括无产阶级的革命道德。你从前那么拥护斯大林，现在总要讲一点理由，才能转过弯来吧。理由一点不讲，忽然转那么一百八十度，好像老子从来就是不拥护斯大林的，其实从前是非常拥护的。这就是不道德嘛！

毛主席的这一段话，对全世界所有头脑发昏的共产党人是一服很好的“清醒剂”。

苏共二十大之后，在我们国内，资产阶级右派在国际现代修正主义的影响下，向工人阶级和共产党进行猖狂的进攻。我们党在毛主席的领导下，采取整风的方式，展开了一场震惊中外的反右派的伟大斗争。毛主席在1957年7月青岛会议上，号召到会的省、市、自治区党委第一书记，必须把这场伟大斗争完全掌握起来。必须把民主党派（政治界）、教育界、新闻界、科技界、文艺界、卫生界、工商界的政治改造工作和思想改造工作完全掌握在自己手中。各省、市、自治区要有自己的马克思主义理论家、自己的科学家和技术人才，自己的文学家、艺术家和文艺理论家，要有自己的出色的报纸和刊物的编辑和记者。毛主席就是这样教我们省委第一书记在思想工作和理论工作上，要有如此大的气魄，要看得见，抓得起。

实际上，半年之前，即在1957年1月那次会议上，毛主席鉴于苏共二十大以后国际国内的新情况，就曾明确指出，全党都要注意思想理论工作，建立马克思主义的理论队伍，加强马克思主义理论的研究和宣传。要运用马克思主义的对立统一学说，观察和处理社会主义社会阶级矛盾和阶级斗争的新问题，观察和处理国际斗争中的新问题。

“在路线问题上要戒‘左’戒右”

1955年10月，在党的七届六中全会上，毛主席在谈到反对右倾保守问题时说：过去一个时期，我们曾经较多的反对急躁冒进。这有好的一面，但也有坏的一面，这就是把干部和群众的积极性反掉了。结果，正气受压，邪气上升，右倾保守思想多了。我们为了达到一定的目的，有几条路线可走，但我们可以选择其中一条比较合理的路线，和群众在一起，站在群众前头，鼓舞群众前进，在较短的时间内取得较大的成果。这是正确的路线。另一条路线，照常规办事，按照老样子走路，结果思想落后于实际，群众没有劲，这是错误的路线，我们叫它保守主义。人总是惯于按照老习惯想问题，但共产党员就要有打破常规的勇气。解决这个问题，就要有正确的领导方法。有两种领导方法：一种是，全面规划，接近群众，走群众路线的方法。用这种方法来发现问题，发现先进经验，发现新生事物，创造和发展新的生产力。用积极的东西、先进的东西，克服消极的东西、落后的东西，用正气压倒邪气。怎样发现先进经验呢？一句话，用解剖麻雀的方法。所谓解剖麻雀并不需要把所有的麻雀统统捉来解剖，然后才证明“麻雀虽小，肝胆俱全”。从来的科学家都不是这么干的。只要把几个麻雀解剖清楚了，就可以作出适当的结论。这就是从个别中就可以看出有普遍意义的东西——先进经验。

总之，要抓先进经验，并且要推广先进经验，也叫作抓典型。这是政治问题，也是领导方法问题。要抓先进经验，就要研究它为什么先进；要推广先进经验，就要研究落后的为什么落后。这样就可以取得比较全面的知识，取得指导全盘工作的发言权。

另一种领导方法，就是坐在办公室写公文，办公事，不发现问题，不解决问题，这在中央有，各省市自治区也有。天天办一堆一堆的公事，并不等于解决重大问题。各省市自治区几个书记，一年之内，总要轮流不在办公室办公事，下去看看，否则就要“感冒”。下去时，先进的、中间的、落后的三种类型的都要看，最好要蹲点，并且要和群众实行“三同”（同吃、同住、同劳动）。

“在路线问题上要戒‘左’戒右”。这是毛主席在1955年3月全国党代表会议上说的。他说，什么叫“左”？超过时代，超过当前的情况，在方针政策上，在行动上冒进，在斗争的问题上，在发生争论的问题上乱斗，这是“左”。这个不好。落在时代的后面，落在当前情况的后面，缺乏斗争性，这是右。这个也不好。我们党内有喜欢“左”的，也有喜欢右的，或者喜欢中间偏右，这都是不好的。我们要进行两条战线的斗争，既反对“左”，也反对右。

这里，我想起了一个最明显的例证。1953年全国财经工作会议期间，党内对过渡时期的总路线的理解存在不一致的情况。有一种观点认为过渡时期要确立新民主主义秩序。毛主席批评说，你不能确立这个秩序，因为每日每时都在增长着社会主义因素。你要确立这个秩序，就势必阻碍社会主义因素的增长，就过渡不到社会主义了。另一种观点，认为过渡时期是由新民主主义走向社会主义。毛主席说这个提法，缺点是不明确。仔细分析就有毛病。好像现在还不是社会主义，不知到什么时候，忽然有一天才是社会主义，实际上不是的。我们的提法是“逐步地过渡到社会主义”。因为是逐步，可以反“左”；因为要过渡，又可反右。所以这个提法完全符合两条战线斗争的原则。历来的经验证明，在反对党内错误倾向的斗争中，往往容易由一个极端走到另一个极端。所以毛主席总是提醒全党，在反对一种主要错误倾向时，要注意防止掩盖着的另一种错误倾向。不要只提一项，放过另一项；更不要用一种倾向反对另一种倾向。总之，要注意两条战线的斗争。

“一定要防止特殊化、贵族化”

1956年11月，毛主席在党的八届二中全会上的讲话中说，鉴于国际教训，党和国家的各级领导人有很多特殊权利，可能形成特殊阶层而脱离群众。列宁说过，英国工人中有一部分成为贵族工人，离开了工人党，离开了工人群众，成为社会沙文主义。社会主义国家如果出现特殊阶层，那就和英国的贵族工人一样，也将成为社会沙文主义，因而就将产生大国主义（对外）、大民族主义（对少数民族）、专制主义（对人民群众）的错误。在我国也有可能出现新贵族。所以要警惕干部生活上的特殊化、贵族化。县委以上全国有几十万人，一定要防止特殊化、贵族化。

越是困难的地方，越是困难的时候，各级领导同志同群众生活的距离越短越好。要勤俭建国，反对铺张浪费，提倡艰苦朴素，提倡同人民同甘共苦。特别是新工业区的领导干部，必须有与群众同甘共苦的作风。学生、工人住大楼，领导干部住草棚，这是对付学生、工人上大街闹事的好办法。同人民有福同享，有祸同当，这是我们过去干过的，为什么现在不能干呢？只要我们这样干了，就不会脱离群众。

当解放军有的领导同志提出在和平时期逐渐缩小军队内部上下之间的待遇差别和军队干部与地方干部之间的待遇差别的建议时，毛主席说，我赞成这样做，但不要搞绝对平均主义。他还用强调的语气说，我是历来主张解放军要艰苦奋斗，要成为模范的。军队这样，地方的“文官”就更要艰苦奋斗，否则，军队就要将你的军。艰苦奋斗是我们的政治本色，艰苦奋斗是我们取得人心的政治资本。39年前毛主席说的这句话，我认为现在仍然应该成为省委第一书记和各级领导干部的座右铭。

在这次会议上，毛主席还说，各级党委要抓报纸。过去一个时期，报纸上片面地、不切合实际地宣传改善人民生活，而对勤俭建国、反对铺张浪费，提倡艰苦朴素，与人民同甘共苦这些东西很少宣传。以后报纸宣传的重点要放到这方面来。

对原则性问题要有明确态度

在 1955 年 3 月党的全国代表会议上，有些高级干部对高饶反党联盟的活动有所知情但态度沉默。毛主席讲话时，对他们不指名地批评说，在党内的路线斗争中，应当表示态度，应当坚持原则。有些同志头上没有长角，有些同志头上长了角但不尖锐，缺乏斗争性。牛长了两个角是为了斗争。有些同志在原则性的问题上，不表示意见，不批评，批评也不尖锐，是害怕同志间不好相处，害怕丧失选举票。为什么坐在凳子上不发言，凳子也还要有折旧费嘛！害怕丧失选举票，恰恰丧失了共产党员的品质。在原则性的问题上，在同志之间，对于违反党的原则的言论、行动，应当保持一个距离。就是说，要划清界限，立即挡回去，不能因为老朋友、老上司、老部下、老同事、同学、同乡等而废除这个距离。

毛主席在 1954 年一次省、市、自治区党委第一书记会议上说，你要批评一个人，你是有这个权利的，但要有勇气反对你所认为不正确的事。当然要采取合法的方式。批评时，首先要表明自己的态度：我支持你、拥护你，与你合作，然后在这个基础上提出严厉的批评。这样，先取得批评的资格，才能使批评的结果不致引起对立。现在有的人要么就不批评，要么一批评就对立起来。这两种情况都是要不得的。不批评对党不利，还是要批评的。有些人光摸别人的老虎屁股，而怕别人摸自己的老虎屁股。在这种人面前不要唯唯诺诺，要有勇气反潮流。紧急的时候，要明确表示自己的政治态度。

毛主席还说，批评要不问对象、不顾情面、大公无私。对事不对人的说法，不对。这是绅士的口号。对事也要对人。对敌对的坏人坏事就要进行无情的斗争。否则，即敌我不分。党内问题，则应采取诚恳坦率的方式，进行同志式的帮助。有些同志在这个界限上很模糊。同志间批评一次就是最珍贵的帮助。只有共产党才能做到这一点。

1958 年 3 月 22 日，毛主席在成都会议上针对党内有一种不敢讲真心话的情况说，有的同志有这样一种处世哲学，“逢人只说三分话，不可全抛一片心”。这就说明他头上没有长角，因而没有斗争性。不敢讲真心话，无非有六怕，即：一怕被封为机会主义，二怕撤职，三怕开除党籍，四怕老婆离婚，五怕坐牢，六怕杀头。只要准备最后一条——杀头，就没有什么可怕的了。当然我们要造成一种环境使人不恐惧，所以我们提倡开会实行“三不主义”，即：不戴帽子，不抓辫子，不打棍子。对于真正的先进分子来说，为着坚持真理，就不应怕这一套，就应该有舍得一身剐，敢把皇帝拉下马的气概。

“不是书记一个人说了算”

1962 年 1 月，在北京召开的七千人大会上，毛主席从理论和实践的结合上深刻地阐述了党的民主集中制问题。他说：我们党实行的民主集中制，不是书记一个人说了算，而是少数服从多数的民主集中制。在中央常委也经常有这样的事，我的意见对或不对，看多数同志是否赞成，我服从多数嘛！在一个省，哪有省委第一书记一个人说了就算的呢！那是霸王。现在我们的省委第一书记连封建时代的刘邦都不如，我看你总有一天要“霸王别姬”的。我这样说，就是要触动你一下，使你三天睡不着觉。

批评与自我批评是解决人民内部矛盾的方法，而且是唯一的方法。去年中央工作会议，我作了自我批评，我说要把我的错误和我的自我批评传下去。但是，有些省就是不传。这不对嘛！不能隐瞒嘛！谁叫你当主席！谁叫你当第一书记！老虎屁股摸不得？！有一个省委第一书记到小组会上一坐下，人家就不敢说话了。你待在自己的房子里，回避一下，让人家说话嘛。现在，我们还有困难需要克服。不向群众说明情况，不向干部交心，不让他们充分说完自己心里的话，怎么可能集中正确的意见呢！怎么可能做到，又有民主又有集中，又有心情舒畅又有统一意志的生动活泼的政治局面呢！怎么可能克服困难呢！

“要反对官气”

毛主席在 1958 年 5 月召开的八大二次会议上说，现在我们的工作，不要浮而不深，粗而不细，华而不实。请同志们在各个方面的工作中都要注意这一点。中央和省、市、自治区的领导同志，每年要有四个月的时间到农业社、工厂、商店、学校去，解剖几个麻雀。要以普通劳动者的姿态出现在群众面前。这一点之所以重要，是因为靠做官，对人不平等，这是官僚主义。靠这一条吃饭，就会妨碍群众积极性和创造性的发挥。要扫除这种官气。看谁有真理，不管是掏大粪的还是扫街道的，只要真理在他手里，就要支持他、赞扬他，并且要向他学习。真理不在你手里，就不管你的官有多大，群众就不买你的账。官气，摆架子，看不起人，不平等待人，这不是什么高尚的共产主义精神。相反地，以普通劳动者姿态出现，才是共产主义精神。不管你职位有多高，只要有半年不去接触实际，接触干部，接触一部分工人、农民和群众中的积极分子，了解他们心里想的什么，他们经过什么苦难，你的脑子就空了，马克思主义就失灵了。

毛主席说，要反对官气，这对中央和省、市、自治区两级的领导同志来说，尤其重要。官气是从哪里来的？是从清朝、国民党那里学来的。以为我们胜利了，也应该是他们那个样子。半封建、半殖民地的土壤最容易滋长官僚习气。有些官气，甚至超过国民党，例如，衙门之大，官气之足，如不打掉，不得了。因为有官气，就引导群众为“五大件”[①]也即为人民币而奋斗，如同国民党引导人们为法币、金圆券而奋斗一样。1956年所有制改造了，群众并没有感到彻底解放，情绪不满，气不顺。他们感到一层层的官压在他们头上，而官不是他们自己的人，他们是为官而工作的，所以就“计件打冲锋，计时磨洋工”。总而言之，从上到下，官气十足，上下之间、政府与人民之间，不能以诚相见，老百姓怎么能舒服呢？现在下去做调查研究，官越大，招待费越多，公安保卫人员越多。招待简直是灾难。好像《四进士》里的“巡按出门，地动山摇”，我们有多少巡按，部长就是尚书。湖南和广东省委要写一个招待问题的报告，作出严格的规定。经过1957年的整风反右，官气开始打掉了一些。凡是官气打掉的地方感动了工人阶级，群众痛快了，就马上检查自己，说为人民币而奋斗，不对。去掉币字就对了。就是要为人民而奋斗，为社会主义而奋斗。

官气最严重的是死官僚。死官僚是上不信中央，下不信群众，骑在群众头上作威作福，无法无天。死官僚实际上是反革命的同盟军。对这种人要批判，批判到他活过来，或者调动他的工作，违法乱纪的，要绳之以纪律。总之，不能让死官僚占着茅坑不拉屎。

我们的官气同国民党的官气一样不一样？当然不同。他们是国民党，我们是共产党。但是官气是相同的。因为我们的官气是从国民党那里学来的。共产

① 20世纪五六十年代流行于群众中的所谓“五大件”是指：钢笔、手表、自行车、缝纫机、收音机。

党员如果官气十足，那就是国民党作风。国民党的官气是改不掉的。要改，除非是推翻它的少数人压迫剥削多数人的官僚制度。我们的官气，是上层建筑的某些环节有缺点，并不需要推翻社会主义制度，是一两个指头的问题，整一整风，把脏洗掉就行了，不必把指头砍掉。

“教育干部是一个战略问题”

1961 年 5 月，毛主席在中央工作会议上说，现在看，1959 年 2 月的第二次郑州会议和同年 4 月开的上海会议都是对的。毛病出在供给制和公共食堂上。我写的“六条”[①]也不灵了。不知道为什么不懂得价值法则？1959 年 4 月上海会议上，我就讲过价值法则是一个伟大的学校。但现在看来，县社队干部都还没有进这个学校。不然，为什么都不懂什么叫等价交换呢？为什么一说要大办工业就一平二调刮“共产风”呢？斯大林的著作《苏联社会主义经济问题》一书，我看了第三遍，其中有一章讲到了社会主义也要发展商品生产、商品交换，并且着重讲了价值法则问题，值得我们好好学习。苏联编的政治经济学教科书是一个政策汇编，党校编的政治经济学是口号汇编。斯大林讲的是社会科学。他说，客观规律不能创造，也不能违背，谁违背了谁就要受到惩罚。我们从 1958 年到 1960 年这三年，就是因为违背了客观规律而受到了惩罚。

在 1961 年 5 月和 1962 年 6 月先后两次召开的中央工作会议上，毛主席大讲教育干部的问题。他说，不教育干部没有出路，教育干部是一个战略问题。省委第一书记要亲自抓，要办好党校，办好各种训练班。譬如，你们这次回去要开省、地、县三级干部会议，就可以把它当作一个训练班。你们当大先生，找些懂得事的人当小先生，教材就是《农村人民公社工作条例》、斯大林的《苏联社会主义经济问题》，时间半个月，每个县至少来两个领导干部。他们回去后，再教育社、队、小队三级干部，然后还要教育群众。

为了使我们深刻认识教育干部是战略问题，毛主席两次讲话都讲了党的历史。他说，过去我们党搞民主革命就是用多次失败的教训来教育干部

---

① 即 1959 年 4 月 29 日，毛主席关于农业方面六个问题给省级、地级、县级、社级、队级、小队级干部们的一封信。这六个问题是：包产问题、密植问题、节约粮食问题、播种面积要多的问题、机械化问题、讲真话问题。

的。陈独秀不懂民主革命，把蓬蓬勃勃的大革命搞失败了，这是第一次大失败，只好上山打游击。后来，建立了好几块红色革命根据地——苏区，红军也发展到30多万人。党在白区的地下工作也有很大的发展。但是后头又出了王明三次“左”倾教条主义路线的错误，使党在白区的工作几乎损失了百分之百，苏区损失了百分之九十，这是又一次大失败。红军经过二万五千里长征到达陕北时，只剩下2.8万人。当时我就说过，是现在的2.8万人强，还是过去的30多万人强？我的回答是，现在要比过去强得不知多少倍。理由是，现在这2.8万人是刀山火海中锻炼出来的，它所产生的力量是过去30多万人所无法比拟的。抗日战争、解放战争，我们取得伟大胜利的事实证明了这一点。

党的七大前我们党内没有真正的统一。有两派，一派叫主观主义，一派叫马克思主义。长征结束到达延安后，我们从1942年到1945年上半年进行了三年半的整风，作出了若干历史问题的决议，开了七大，真正统一起来了。七大是一次团结的大会，胜利的大会。七大以后，我们党在党、政、军、经济、文化、教育、文学艺术等各个方面都有了完整的一套。革命形势发展得越来越快，越来越好。解放战争只用了三年半，到1948年三大战役[①]就取得了震惊中外的伟大胜利。现在回头来看，这个伟大胜利的取得，就是因为整风教育了干部。民主革命胜利的历史过程，充分说明了教育干部是一个战略问题。

最后，毛主席说，我们是历史主义者，只有讲历史，才能说服人。

第一书记挂帅，办好报刊

1958年在中央先后召开的南宁会议、成都会议、武昌会议上，毛主席多次谈到省委第一书记要亲自抓好党报、党刊问题。在南宁会议上，毛主席提到他1月12日写给广西省委第一书记刘建勋、省长韦国清的一封信，是谈办好省报问题的。信中说：“送上几份地方报纸，各有特点，是比较编得好的，较为引人看，内容也不错，供你们参考。省报问题是一个极重要问题，值得认真研究，同《广西日报》的编辑们一道，包括版面、新闻、社论、理论、文

① 指辽沈战役、淮海战役、平津战役。

艺等项。钻进去，想了又想，分析又分析，同各省报纸比较又比较，几个月时间就可以找出一条道路来的。精心写作社论是一项极重要任务，你们自己、宣传部长、秘书长、报社总编辑，要共同研究。第一书记挂帅，动手修改一些最重要的社论，是必要的。一张省报，对于全省工作，全体人民，有极大的组织、鼓舞、激励、批判、推动的作用。请你们想一想这个问题，以为如何？”后来，广西一位负责同志告诉我说，毛主席送的几份地方报纸中有《河北日报》《山西日报》等，并且毛主席还当面对刘建勋、韦国清同志评论这些报纸说,《山西日报》的评论文章包括社论写得比较好，有的很有分量。《河北日报》的版面编排得比较活泼，报道文章也短小生动。毛主席那样忙，还抽出时间阅读地方报纸，而且那样细致认真，又有比较，又有评论，我们这些当省委第一书记的能不心悦诚服么！毛主席在这次会上还讲，他所以写这封信是要提醒全党，不仅中央报纸，而且省级报纸也要认真办好，关键是第一书记挂帅，党委要抓紧。在同年3月9日的成都会议上，毛主席又说，我们组织和指导工作，主要靠报纸，单是开会，效果有限。3月22日，毛主席在这次会上的讲话中提出“要提高风格，振作精神”时，批评了陈伯达，说他过去死也不肯办一个理论刊物，胆子太小，这次才振作精神，下决心办。毛主席还要求各省、市、自治区党委也要办自己的理论刊物。各省办的刊物，也要富有理论色彩，内容不一定限于本省，宇宙间的一切事情都可以谈。

为了执行毛主席的这一指示，会后山西省委很快就办了自己的理论刊物《前进》。这个刊物的刊名是我报请毛主席题写的，一直沿用至今。

“开会要注意抓思想动向”

1957年1月，省、市、自治区党委书记会议即将结束时，毛主席说，你们回去“开会要注意抓思想动向”，要像这次会议那样把它当作第一个问题提出来。的确，毛主席在这次会议一开头就提出，现在党内和社会上的思想动向出现了很多值得注意的问题。譬如，现在有些干部争名夺利，唯利是图。在评级过程中，有那样的人，升了一级不够，甚至升了两级还躺在床上哭鼻子，大概要升三级才起床……以前北洋军阀政府里有个内阁总理叫唐绍仪，后来当了广东中山县的县长。旧社会的一个内阁总理可以去当县长，为什么我们的部长倒不能去当县长？我看，那些闹级别，升得降不得的人，在这一点上还不如这个旧官僚。他们不是比艰苦，比多做工作少得享受，而是比阔气、比级别、比地位。这类思想在党内有很大的发展，值得我们注意。

在社会上有一种思想动向，对农业合作化有无优越性议论纷纷。因为有些合作社农业减产，社员收入减少，于是就有人跳出来说，合作社没有什么优越性，兔子的尾巴长不了。富裕中农单干思想抬头，想退社。这种动向反映到党内，有些干部不敢宣传合作社的优越性。这种社会上的思想动向也值得我们注意。

对如何抓思想动向，毛主席就是这样给我们作了示范。

在 1959 年 2 月第二次郑州会议之后，毛主席曾在几次会议上说到，这次郑州会议提出的问题是对的，但是，因为怕耽误春耕，开的时间太短，思想没有展开。所谓“打通思想”，实际上是“你打我通”，没有真正解决问题。这是一个教训。所以毛主席提倡，开会要虚实并举，先虚后实或先实后虚都可以。总之要有一定的时间，只务虚不务实。就是说，让大家敞开思想，各抒己见，展开争论或辩论。经过这样思想交锋，然后集中正确的意见，去说服不正确的或动摇的意见，达到统一认识就比较好办了。

毛主席还在 1958 年 1 月南宁会议上说，无论开什么会，不要在几小时内使人接受一大堆材料、一大堆观点，而这些材料和观点是人们平常不大接触的。要先下毛毛雨，不要在几小时内下几百毫米的倾盆大雨。强迫受训的制度必须废除。

文件、文章、讲话要准确、鲜明、生动

毛主席在 1958 年 1 月南宁会议上谈到工作方法时说，纠正中央和省委主要领导干部在搞文件、写文章、讲话时的缺点，也是一个重要的工作方法问题。他说，无论是搞文件、写文章和讲话，都要做到材料和观点的统一。材料和观点互不联系是最坏的方法。有的人只讲观点，但无材料，不好。有的人只讲材料，不讲观点则更坏。材料是为了说明观点的。反对什么，主张什么，要旗帜鲜明。说明问题只需要一个、两个典型材料。啰啰唆唆一大堆材料压死人。一个人研究问题要掌握丰富的材料。但会上发言只需要典型材料，解剖一两个麻雀就行了。开会用的材料和大著作用的材料要有区别。

1958年11月在武昌会议上，毛主席一开头就说，为开这次会议中央各部门写了12篇报告，很好。但有些问题，如指标、数字等都要有根据才有说服力。下次开会，各省、市、自治区党委也要写一个报告来，谈主要的问题，五六千字或七八千字，第一书记要亲自动手，明年2月1日开会之前送到。不要写100个问题，要少于10个问题。有几个问题加以突出起来，有几个问题可以带几笔。毛主席提示我们向中央写报告，要求很严，如何写指点得也很具体。

如何写文章？毛主席在1955年10月党的七届六中全会上讲得最精辟。他说，最后，我顺便讲一点请你们注意写文章的问题。我希望在座的都变成“国文教员”……现在许多同志的文章，空话连篇的也有，但比较少，主要的缺点，就是要注意整篇文章、整篇讲话的结构，开头、中间、尾巴要有一种关系，要有一种内部的联系，不要互相冲突。还要讲文法。许多同志省掉了不应当省掉的主词、宾词，或者把副词当作动词用，甚至于省掉动词，这些都是不合文法的。还要注意修辞，怎样写得生动一点。总之，一个合逻辑，一个合文法，一个较好的修辞，这三点请你们在写文章的时候注意。

1958年，毛主席在南宁会议上还说，文件、文章、讲话是意识形态的表现形式，要有准确性、鲜明性、生动性。这个话我讲了多年，总不起作用。当部长的、当书记的，官做大了，自己不动手，靠“二排议员”（秘书）动手，结果，搞出来的文件、文章，概念不明确，判断不恰当，缺乏逻辑，前后互相矛盾，不讲究辞章。总之，缺乏准确性、鲜明性、生动性。

1964年3月，在邯郸停留的专列上，我向毛主席汇报朔县召开四级干部会解决干部参加劳动的问题时，毛主席说，那是尉迟恭的故乡……开这样的会不一定在县城，也可以到乡下去开。万里长征还不是走到哪个村坐下来就开会，有什么房子呀，睡觉有什么床呀，有一块门板、一些稻草就可以睡觉。革命就是这样走过来的。现在革命胜利了，大房子也来了，汽车火车也来了，病也来了，官僚主义也来了。有的人，自己不写东西，要秘书代劳。我写文章从来不叫别人代劳，有了病不能写就用嘴说嘛。1947年写《目前形势和我们的任务》时，我病了，就是我说别人记下来我又改，然后发给大家传阅，提意见，又作了修改。现在北京当部长、局长的都不写东西了，统统让秘书代劳。秘书只能找找材料，如果一切都由秘书去办，那么部长局长就可以取消，让秘书干。须知，这也是劳动，不亲自动手怎么行呢！

对犯错误者的态度和方法

1956 年 11 月，毛主席在八届二中全会上说，凡是人民内部的事情，党内的事情，都要用整风的方法，用批评和自我批评的方法来解决，而不是用武力来解决。我们主张和风细雨。当然这中间对个别的人也难免稍微激烈一点，但总的倾向是要把病治好，把人救了，真正达到治病救人的目的，不是讲讲而已。我们对犯错误者的态度和方法是：第一条保护他，第二条批评他。首先要保护他，因为他不是反革命。这就是从团结的愿望出发，经过批评和自我批评，在新的基础上达到新的团结。在人民内部对犯错误的人，都用保护他而又批评他的办法，这样就很得人心，就能团结六亿人口中的一切积极因素来建设社会主义。

1963 年初，华北局第一书记李雪峰向我们传达毛主席在一次政治局会议上的讲话，其中毛主席在讲到对犯错误者的态度时说，凡犯了错误，只要能改正的，一律要使用。为此毛主席讲了历史上秦穆公的故事。秦攻郑国，被晋国抄了后路，全军覆没，被晋国俘虏了三位将军。这三位将军因为在晋国有私人关系，晋国的人把这三位将军放走了。晋王发觉了，派人追，未追回。秦穆公穿着孝衣迎接三位将军，并说，不怪你们，是我的责任。秦穆公照旧任用这三位将军。过了三年，秦军便把晋军打得全军覆没了。这个故事很能说明问题，至今我还记忆犹新。

受到冤屈时应有的正确态度

1956 年 9 月，毛主席在八大预备会议上讲到一个共产党员在党内受到冤屈时，往往有两种不同的态度。一种是，从此消极不满，一蹶不振；另一种是，把它当作有益的教育，发奋读书，继续寻求真理，坚定信心。第一种态度，显然是错误的，不可取的，应该采取第二种态度。毛主席说，我过去受打击、受处分共有 20 次之多。人家批评我说，“枪杆子出政权是错误的”，“山上没有马克思主义”，我被封为“狭隘经验主义”，就是说，一点马克思主义也没有了。撤了职，没事干，逼得我只好读书。读书当然就要联系中国革命的具体实践，从陈独秀的右倾机会主义错误到王明的“左”倾教条主义错误给中国革命造成的血的教训中，寻求中国革命的正确道路，使我得到很大的益处。

毛主席说，一个人受到冤屈，就是说，你本来是正确的，但被人封为机会主义者，错误不在你，而在封你为机会主义的人。在这种情况下，你就要相信一条真理，叫作，白的说不黑，黑的说不白。或者叫作，坏的说不好，好的说不坏。要相信我们的党是掌握真理的党，是实事求是的党。过去受到过冤屈的好同志，往往十年二十年甚至更长的时间得不到平反，但是终究是会得到平反的，生前得不到平反，死后也会得到平反昭雪的。否则我们的党就不是讲真理、讲实事求是的党了。曹操、秦始皇、纣王我们还不是给他们恢复名誉了么?

毛主席的这些话给我的印象特别深刻。“文化大革命”中，我受到林彪、江青反革命集团的打击迫害，被关押五年半之久。

在此期间，我没有得过什么病，精神没有垮下来。主要原因就是我牢记毛主席以上的这些话，从中得到了精神支柱。我还发奋读书，读了马恩全集、马恩通信集，列宁的主要著作，毛选四卷，还有鲁迅的若干著作。由此我也深感得益匪浅。作为一个担任过省委第一书记的人，我经受了受冤屈的考验，算是没有辜负毛主席的教诲吧。

1996 年 2 月

调查研究中的言传身教

毛主席说，真理是调查研究得来的。我们靠真理靠正确吃饭，不要靠官职吃饭。我们的经验历来如此，即当你为工作的开展最发愁的时候，只要下去调查研究，问题就解决了。

1961年3月，在广州召开的中央工作会议上，毛主席说，解放11年来，我自己做过两次较系统的调查研究。一次是对农业和农村的调查，产生了《中国农村的社会主义高潮》一书和农业发展纲要四十条。另一次是对工业的调查，找了33个部，谈了两个多月，产生了《论十大关系》。毛主席对农业、工业的调查研究所产生的结论和文件，对于我国的社会主义建设具有深远的理论意义和指导意义。本文着重叙述的是我亲身参与的毛主席对农业和农村的调查研究。至于毛主席对工业的调查，由于我没有亲身参与，所以就不谈了。

一

1955年下半年到1956年1月，毛主席亲自动手组织上上下下的力量进行广泛、系统、全面的调查研究。在此基础上，他主持编撰了《中国农村的社会主义高潮》一书。这个书选用的典型材料共有176篇，来自27个省、市、自治区。材料所反映的内容，有村的、乡的，也有区的、县的。山西省委选送了20多篇，被选用16篇，其中专区的2篇，县的4篇，村和合作社的10篇。从内容上看，有谈合作社发展速度问题的，有谈勤俭办社、经营管理经验的，有谈发展农业生产、改良农具、采用新技术的，有谈水土保持、绿化荒山的，有谈水利建设的，有谈发展畜牧业的，有谈扫盲和开办农业技术夜校的，有谈开展农业劳动竞赛的，有谈实行机械耕作和组织剩余劳动力发展工副业的，有谈加强政治工作反对贪污盗窃的。其他各省被选用的典型材料所包括的内容也很广泛。例如，有谈农业机械化的，有谈供销社、信用社的，也有谈交通运输、教育、卫生、科学、文化的。

书中选用的176篇典型材料，是在一个数量更大的典型材料的基础上筛选出来的。在毛主席具体指导下，廖鲁言、田家英等负责编书的几个同志从党内文件、党内外报刊和他们所掌握的第一手材料中汇聚了大批典型材料，进行研究、比较、分析、筛选，经毛主席精选，开始选用了121篇。在扩大的七届六中全会上，典型材料印成样本发给各省委、市委、自治区党委和地委的负责同志阅看，请他们修改和补充。七届六中全会后，大多数省、市、自治区党委把修改、补充的材料送到中央。在此基础上，毛主席具体指导参加该书编辑工作的同志重新编选。结果，原来的121篇中保留91篇，从新收材料中选出85

篇，合计176篇。

对书中选用的所有典型材料，毛主席都逐篇地阅读、研究、推敲过。他对其中的110多篇还进行了亲笔修改。本书“高屋建瓴，势如破竹”的序言和许多重要按语是毛主席亲笔撰写的。山西被选用的16篇，其中6篇的按语就是毛主席亲笔写的。特别是山西大泉山那一篇，毛主席不但写了按语，而且改了题目，还作了多处文字修改。此外，为使全国各条战线更多的人了解农村情况，毛主席又具体指导从176篇中选出44篇印成了一个节本。从成书的过程中看，毛主席为此付出了多么巨大的心血和精力啊！

毛主席为什么花费那么大的心血和精力在这本书上呢？我个人体会，毛主席认为，他在1955年7月31日作了《关于农业合作化问题》的报告之后，干部中在合作化速度问题上的右倾保守思想有所克服，但有相当多的干部仍然有这样那样的怀疑和忧虑，甚至少数人仍然坚持反对的态度。至于合作化运动对农业生产、工业生产和国民经济所有部门的关系及其产生的影响，更是不甚了了。毛主席正是针对这些问题，进行了这次系统的调查研究，主持编撰了这本书，得出了合作化发展速度方面的右倾保守思想已经解决的结论，得出了合作化发展速度是在健康状态下进行的结论，得出了国民经济其他部门不适应合作化的新情况的结论。“事实胜于雄辩。”毛主席用广大农民创造的大量的、生动的典型事例，作出了最具说服力的回答。

毛主席这次系统的调查研究是具有鲜明的特色的。这次调查研究在规模上、方法上以及广度和深度上，据我的了解，在毛主席一生的调查研究中都是少见的。毛主席亲自动手，动员和组织全党农村工作的同志，从发现和搜集一个个典型材料入手，层层上报，由各省、市、自治区党委挑选、加工、汇总，报送中央。所有典型材料经过中央编辑小组筛选、加工后报送毛主席。毛主席对每篇典型材料不但认真阅读，而且往往提出许多问题，要求作者说明、核实、补充。然后修改文稿，撰写按语，概括出规律性的东西。这样反复多次地一篇一篇地核实、订正、修改、补充，一个一个解剖麻雀的方法，贯穿了调查研究的全过程。毛主席在调查研究中采用的解剖麻雀的方法，给我的印象是极其深刻的。毛主席对我们说，在其他问题上为了统一干部认识，也可以采取调查、搜集典型材料、出书的方法。

二

毛主席在主持编撰《中国农村的社会主义高潮》的过程中，高兴地看到了由于农村生产关系的变革引起的广大农民群众的生产积极性空前高涨，预见到农业生产力将会由于获得解放而有一个巨大的发展。因此，他在编书的同时，热情奔放地抓了发展农业生产力的长期的全面的规划。在短短半年多时间内，毛主席紧抓这两件大事，工作的繁忙和紧张是可想而知的。他通过调查研究而制定的农业发展纲要，就是社会主义现代化大农业的初步蓝图。1962 年，他在一次中央工作会议上说，要么搞社会主义大农业，要么搞资本主义大农业，搞单干的小农业是不可能的。少奇同志在这次会上也说，我们必须搞社会主义大农业才有出路，才能使农民免于贫困。大农业即集体化农业，除此以外没有别的出路。

1956 年 1 月 23 日，中共中央政治局提出的《一九五六年到一九六七年全国农业发展纲要（草案）》（简称“农业四十条”），是毛主席为推动全国农业发展经过反复调查研究而主持制定的。我参与了文件的形成过程，深感这是毛主席给我们做出的如何调查研究的又一次具体生动的言传身教。

1955 年秋，我参加了毛主席在杭州主持召开的省、市、自治区党委第一书记汇报会议。会议开始，他以商量的口吻，讲了有关发展农业的 15 条意见。他说，这 15 条意见是他从北京出发，路经天津、济南到达杭州，一路上到各地进行调查研究，开了许多有各种人参加的小型座谈会，逐步形成的。当时，这些意见还没有形成文字。在杭州会议上，他一面听取一个省、一个省的汇报；一面指定几个同志组成文件起草小组，我被指定参加了这个小组。毛主席对文件的要求非常严格，几乎对起草小组草拟的每条内容及文字，都同起草小组一起商量推敲，字斟句酌。经过杭州会议，在 15 条的基础上又增加了两条，形成了“农业四十条”的前身——“农业十七条”。会议结束时，他还提出了许多问题，要求大家回去亲自做些调查研究，同地委、市委、县委书记一起商量，准备明年再开一次会。1955 年 12 月 21 日，毛主席为中共中央起草的《征询对“农业十七条”的意见》中，又要求各省、市、自治区的党委书记、地委书记、部分县委书记详细研究：究竟是否全部可以实现，还是有一部分不能实现；实现的根据是否每条都是充分的；除了 17 条以外，是否还有增加，只要是可行的，可以增加；等等。由此可见，毛主席调查研究的态度和方法，是何等的认真、细致！

1956年1月间，毛主席召集福建、安徽、江苏、山东、山西、湖北等17个省委第一书记和上海市委第一书记，在中南海开了5天会议。这次会议前，他已找了一些省、市、自治区党委第一书记议过一次，17条已经发展成为22条。这次会议同杭州会议一样，也是一面讨论，一面对文件进行修改、补充、完善。最后，由22条发展成为40条。这次会议我又被指定参加起草小组。毛主席对起草小组说，这个纲要是要经过全国人民代表大会通过的，是要向全世界公布的。所以纲要上的每句话，都要非常通俗，非常简练，凡是不必要的字都可以去掉，如“农田水利”四个字，“水利”二字已说明了，“农田”二字可以删掉。

在这次会议上，我汇报了山西为加强工农联盟、城乡互助、发展工农业生产，从1951年开始，每年春节组织工农相互访问、联欢的活动。特别是1953年12月中央发布了《关于在春节期间组织工农联欢的指示》以后，工农相互访问、联欢的规模更大，效果更为显著，出现了许多工农相互支援的生动事例。毛主席听了很高兴。他说，这很好嘛！为什么不早提出来？要写进40条，由你起草。这就是“农业四十条”的最后一条。

这条的原文如下：

城市工人和合作社的农民必须相互支援，工人应当生产更多更好的工业品，满足农民的需要；农民应当生产更多更好的粮食和工业原料，满足工业和城市居民的需要。城市工人和合作社的农民，还应当通过联欢、访问和通信等项方法，建立经常的联系，互相鼓励，互相交流经验，以便有利于工业和农业的发展，有利于工人阶级领导之下的工农联盟的巩固。

毛主席在1958年阴历大年初一的一次讲话中说：“写一个文件，没有实际工作经验是写不出来的。‘农业四十条’是和各省、市、自治区党委第一书记七议八议议出来的，其中只有一条‘除四害’是我的。其余都是别人的。”后来，在1960年，他听到有人对“除四害”中消灭麻雀有不同意见时，认为有道理，就把消灭麻雀改为消灭臭虫。毛主席从来就是这样言传身教，从善如流，为我们党树立起调查研究和群众路线的优良传统的。

如上所述，“农业四十条”是靠调查研究和群众路线产生的。而它的实现，仍然要靠调查研究和群众路线。在这一方面，毛主席也给我们作了言传身教。

在1956年公布了“农业四十条”之后，他对“农业四十条”的贯彻实施，连续好几年，每年不止抓一次，而且不止一次地深入农村、田间，以甘当小学生的精神，向有经验的老农和科技人员请教，并且召开各种各样的座谈会，进行调查研究，总结群众的实践经验。他特别注意发现群众创造的粮食高产稳产的先进典型，因为实现粮食单位亩产量“四、五、八”的指标（即黄河以北亩产400斤，黄河以南、长江以北亩产500斤，长江以南亩产800斤）是“农业四十条”的核心。经过两年多的调查研究，他综合各地的增产经验和科学技术的应用，提出了农业“八字宪法”，即农作物增产技术措施的八个方面：水（利）、肥（料）、土（壤）、种（子）、密（合理密植）、保（植物保护）、管（田间管理）、工（具）。这八个字也是和“农业四十条”一样，不是一下子提出来的，而是逐步形成的。而且对每个字的内涵及其相互关系，他运用自然辩证法多次作了阐述。他还说，今后应当经过调查研究，继续总结群众的耕作实践。并且要把现代科学技术和我国传统的精耕细作结合起来，使农业“八字宪法”不断充实完善。

三

1961年1月，毛主席在北京召开的中央工作会议上提出，全党要大兴调查研究之风，使1961年成为“实事求是年”。同年3月，他在广州会议上对调查研究又作了极为深刻的阐述。他说，过去三年我们在工作中吃了亏，就是缺乏调查研究。有了原则，没有具体政策不能解决问题，而没有调查研究就不能产生具体的政策；有了具体的政策，在执行中，没有调查研究也不行。不调查研究，就是盲目执行中央的政策，这是一种怠工的作风。必须通过自己的脑子，并且通过调查研究才是正确执行政策的方法。因为这样，一方面可以对中央政策执行得好；一方面还可以发现新问题，真理是调查研究得来的。我们靠真理靠正确吃饭，不要靠官职吃饭。我们的经验历来如此，即当你为工作的开展最发愁的时候，只要下去调查研究，问题就解决了。下去调查研究时，要做人民的勤务员，甘当小学生，老老实实，放下架子，只有这样，才能深入群众交上知心朋友。要把一切官位和功劳统统抛到九霄云外，群众才会接近你，和你交知心朋友。在调查研究中，对于问题的性质必须调查清楚，否则即便99条已经调查清楚而且很对，但是最后这一条未调查清楚也会犯错误。调查研究要采取小型座谈的、有各种人参加的方法。我们千万不要把共产党党旗挂在脸上，不善于从各种人那里调查研究、学习知识。

1960 年 10 月，陶鲁笳（左一）在太阳村小学与小学生握手。

我记得很清楚，在这次会议上，毛主席在反复阐述调查研究时，特别表达了他曾有这样一个心愿：骑马从花园口到通天河，然后沿长江顺流而下，用三年时间，走遍全中国调查一番。这寥寥数语，活现了毛主席调查国情、振兴中华的雄图大略。

1991 年 2 月

“用心寻找当地群众中的先进经验”

毛主席说，我们要求每个县委书记都像阳高县委书记那样，用心寻找当地群众中的先进经验，加以总结使之推广。

毛主席对人民群众创造的新生事物，十分敏感，十分珍惜，一经发现就抓住不放，宣传它，扶植它，直至推广普及。

1955年，毛主席主编《中国农村的社会主义高潮》一书时，中共山西省委把阳高县委书记王进写的大泉山的文章送给了他。他亲自动手修改了这篇文章，并把原来冗长的标题《大泉山怎样由荒凉的土山成为绿林成荫，花果满山》，改为生动、醒目的标题——《看，大泉山变了样》，还写了精辟的按语："很高兴地看完了这篇好文章。有了这样一个典型例子，整个华北、西北，以及一切有水土流失问题的地方，都可以照样去解决自己的问题了。并且不要很多的时间，三年、五年、七年或者更多一点时间也就够了，问题是要全面规划，加强领导。我们要求每个县委书记都像阳高县委书记那样，用心寻找当地群众中的先进经验，加以总结使之推广。"毛主席不惜精力和时间亲自动笔并主编《高潮》一书，其目的之一就是为了教会各级党委真正学会"抓住典型、推动一般"的领导方法。

陶鲁笳（右一）在山西省平顺县山区。

1956年1月，中央在中南海召开省、市、自治区党委第一书记会议，讨论"农业四十条"。当谈到水土保持、绿化全国的问题时，我又向毛主席汇报了阳高县大泉山采取挖鱼鳞坑、开渠、培埂、堵沟四条绿化荒山的经验。我汇报说，过去的大泉山是一个36户人家的小山村。群众中流传的一首顺口溜，描述这里的自然条件是：“山山和尚头，处处裂嘴沟，旱天渴死牛，雨天水土流，满野黄土坡，十年九不收。”粮食平均亩产不过50斤，群众生活苦不堪言。山上的一位居士张风林在解放前曾为绿化大泉山艰苦奋斗了10年，取得了一些成绩，但由于地主豪绅的压榨摧残，他的理想没能实现。解放后，张风林在党和政府的鼓励支持下，经过七年多的时间，依靠党支部的领导和群众的集体力量，他的理想才一步一步地得到了实现。

接着，我又汇报说，1953年，我到阳高县调查发现了这个典型。当时，县委书记王进、大泉山村党支部书记高进才及张风林陪着我参观大泉山，从山上转到山下，边看边说。给我印象最深的是：他们在山坡上由上而下，遍挖鱼鳞坑，每坑的边上都植树，树小时，坑内种植农作物，可以现年得利，树大了就停止种植农作物。为保护鱼鳞坑免遭水冲，他们在山坡上打了一道一道的拦水埂，埂里挖连环卧牛坑，使之上通鱼鳞坑，下通排水渠，埂上全压杨柳枝条，使埂又结实又长树。这样，遍山挖鱼鳞坑，就可遍山蓄水，遍山植树，而且树的成活率高，他们把这个办法叫作“土蓄水，水养树，树保土”，加上他们在沟壑里也由上而下层层打坝，节节蓄水，分段拦沙，每筑一坝，就修一台地，成为良田，沟底两岸全部营造了护岸林，从而形成了一整套治理水土流失、化害为利的有效措施。1954年实现合作化后，加快了大泉山面貌的改变，使过去的荒山、荒坡、荒沟变成了梯田成排、绿树成荫、溪水潺潺、花果满山的优美景地。毛主席听了以上汇报高兴地说，大泉山张风林真好啊！你回去后对他说，我们感谢他！我们要把大泉山在报纸上大肆报道，要写书、写传单，给来参观的人每人发一套。

毛主席为大泉山一文写的按语以及赞扬大泉山和张风林的一段话传达下去后，大泉山人受到极大的鼓舞，经过两年的努力，进一步控制了水土流失，基本上做到了土不下山，水不出沟。而且大泉山的经验，在大泉山高级合作社的八个自然村迅速得到了推广。在1956、1957年两年间，他们利用冬春农闲时间，组织全社劳力，上山下沟，挖鱼鳞坑，植树造林，修水平梯田，筑坝造田，在6个山头栽树2000多亩，做出了突出的成绩。1957年，大泉山高级合作社受到国务院的嘉奖。同时，在毛主席的按语发表后两年时间内，全国先后有23个省、市、自治区的3万多人到大泉山学习参观，著名学者竺可桢和苏联水利专家等也到那里参观过，对大泉山的绿化荒山和水土保持工作都给予了高度的评价。1958年，毛主席在成都会议期间，还在两次讲话中提到大泉山和张风林。一次说，我们的东西都是从群众中来的。用鱼鳞坑的办法绿化荒山，是大泉山的一个和尚（应为居士——作者注）创造的。不同群众接近，任何东西也创造不出来。另一次说，大泉山治理水土流失、蓄水用水的经验，一经在全国推行，更发展了，更系统化了。现在许多水土流失严重的山区，采取以蓄为主、小型为主、群众自办为主，即所谓“蓄、小、群”的办法，治水、用水，也即按照沟壑的走向，自上而下，梯级开发，修筑许许多多纵横相连的小型蓄水库、蓄水池，群众叫作“葡萄串、满天星”，收效很大。

毛主席对大泉山所作的赞语，成了大泉山人征服大自然、改变一穷二白面貌的强大动力。即便在“文化大革命”动乱的岁月里，他们也没有放松对水土流失进行综合治理的工作。特别是在党的十一届三中全会以来，大泉山村的整个面貌发生了令人鼓舞的更大变化。1990年当我写这篇文章时，阳高县传来的最新信息表明，大泉山人没有辜负毛主席对他们的赞扬。他们控制水土流失面积已达3000亩，森林覆盖率达到81%，先后建成大小蓄水池108个，真正做到了土不下山、水不出沟。过去的荒山、荒坡、荒沟变成了绿色的海洋。群众称为“绿色银行”。他们用林业的收入启动农、牧、副、工各业，使五业相互促进，全面发展。现在，粮食平均亩产已超过500斤，户均6400多斤，人均年纯收入650元，超过了全国人均收入630元。全村66户家家有存粮，户户有存款，80%以上的农户住上了宽敞明亮的新房，39户有了电视机。特别令人高兴的是，自高考制度恢复以来，先后有9人考进了大学，摘掉了千百年来“文盲村”的帽子。这一切正如他们所说，如今的大泉山已经是：“松柏杨柳绿满山，层层梯田平展展，村里村外机器响，清清流水绕山间，科技兴农见实效，生产旧貌换新颜，脱贫致富五业旺，文化教育大改观。”

大泉山这个小小的赤贫山村的伟大创业史，同全国许许多多先进的社会主义新农村一样，使我们看到了具有中国特色的社会主义的灿烂前程。

1991年3月

干部参加劳动是百年大计

毛主席说，干部不参加劳动就可能变成国民党。很多问题，一参加劳动都可以解决，至少可以减少一些贪污、多吃多占，可以向上反映一些真实情况，整党整团就好办了，就能把我们的支部放到劳动者积极分子手里。

1957年，中共中央发出了干部参加劳动的指示后，昔阳县委在贯彻中央指示的头两年，只做了一般的动员布置，成效不大。1959年县委大抓干部参加劳动，针对性地解决干部中存在的抵触情绪，批判“当干部就是为了不参加劳动”的谬论；发现、宣传、推广沾上公社和大寨大队干部参加劳动的先进典型；同时县委书记以身作则带动县级干部到基层参加集体生产劳动。经过四年多时间，干部参加劳动一年好于一年，以至形成了县、社、大队、生产队四级干部参加劳动的新风尚。1963年1月29日，山西省委批转了晋中地委农村工作部《关于昔阳县干部参加劳动已形成社会风尚的考察报告》，并同时转报中央。中共中央于3月23日批转给全国各级党委，直到公社党委。在经毛主席圈阅的中央批语中说：“干部参加劳动，是党的优良传统之一，是党在社会主义建设时期的一项极为重要的政策。……农业合作化以来的无数事例证明：凡是办得好的社、队，无例外的都具备有社、队的领导干部和社员在一起积极参加劳动的特点。反之，凡是办得不好的社、队，往往具有一个相反的特点，即这些社、队的领导干部，不愿意和社员在一起积极参加劳动，因而脱离群众，不能抵抗剥削阶级思想的侵袭，生活特殊化，贪污多占群众的劳动果实，有的甚至逐步蜕化变质，堕落成为富裕农民和资本主义分子利益的代言人，修正主义的社会基础。”

中央这个文件下发后，反响不大。同年5月，毛主席在中央召开的杭州会议期间，重谈干部参加劳动问题。他十分重视昔阳县创造的经验，并在浙江省七个关于干部参加劳动的好材料上批示说：“中央曾在今年3月23日发出山西昔阳县全县四级干部无例外地参加生产劳动的模范事例，并作了批语。对于这个重大问题，有些同志是注意了，例如浙江，在全省党代表大会上着重讨论了并且作了具体安排，其他地方，则反映尚少。建议各级领导同志利用适当机会，对于干部参加劳动这个极端重大的问题，在今年内进行几次讨论，并普遍宣读山西昔阳县那个文件……我们希望争取在三年内能使全国全体农村支部书记认真参加生产劳动，而在第一年，能争取有三分之一的支部书记参加劳动，那就是一个大胜利。城市工厂支部书记也应是生产能手。”这里值得注意的是，毛主席把干部参加劳动看作是一个极端重大的问题。

谁都知道，早在革命战争年代，毛主席就身体力行地和中央其他领导同志一起参加著名的延安大生产运动。他提出的“自己动手，丰衣足食”的口号，由延安迅速推广到敌后各个抗日根据地。党领导的各个根据地的党政军民学所有干部无例外地投身到大生产运动中去，充分发挥了干部参加劳动的强大威力。从1941年到1943年战胜了日本侵略者的“三光政策”和国民党“断饷绝粮”所造成的极端困难，和敌人的愿望相反，各个抗日根据地不但没有被敌人困死，反而由于实现了丰衣足食，使我们的军队、我们的党，以及党所领导的各项事业，获得了由弱到强、由小到大的发展。这个在战争年代干部参加劳动的伟大创举，值得在抗日战争史上大书特书。新中国成立后，1958年5月八大二次会议期间，毛主席在一次大区书记会议上说，像我们这些人是否每年可体力劳动一个月，分几次，目的主要是锻炼思想意识，也可锻炼身体，增长知识。我理解这段话的意思，毛主席不仅把干部参加体力劳动看作是密切联系群众的一件大事，而且也是和干部德智体全面发展直接相关的一件大事。所以，虽然那时他已是64岁的高龄了，但还在参加体力劳动上如此严格地要求自己。就在这次会议期间，他和其他中央领导同志一道，率领出席党的八大二次会议的全体人员到十三陵水库施工现场参加劳动。当时的情景，真是“天连五岭银锄落，地动三河铁臂摇”，直到现在我还记忆犹新。

在1963年杭州会议上，毛主席几次讲话赞扬昔阳县干部参加劳动，他说：我又看了一次山西昔阳县那个文件，很好。干部不参加劳动无非是怕耽误工作，昔阳经验恰恰相反，干部参加劳动不但没有耽误工作，而且各项工作都搞得更好了。支部书记不参加劳动还不是“保甲长”？干部不参加劳动就可能变成国民党。很多问题，一参加劳动都可解决，至少可以减少一些贪污、多吃多占，可以向上反映一些真实情况，整党整团就好办了，就能把我们的支部掌握在劳动者积极分子手里。所以干部参加劳动是百年大计，是保证领导权始终掌握在劳动者手中的大问题。县社两级干部也都要参加劳动，我们希望几年之内分期分批都搞到昔阳县的程度。他还风趣地说，《红楼梦》第二回中，冷子兴说，荣宁两府“主仆上下都是安富尊荣，运筹谋划的尽无一个”，贾家不就是这样垮下来的么！在这里，毛主席把干部参加劳动看作是无产阶级政党同一切资产阶级政党相区别的标志之一，因而把它同加强党的建设联系起来了。

就在这次杭州会议上，党中央决定在农村开展以“四清”为内容的社会主义教育运动。根据毛主席的建议，把干部参加劳动列为社教运动的重要内容之一。这次运动，由于指导思想上把社会主义社会中一定范围内存在的阶级斗

1965年5月，陶鲁笳（右一）在山西运城听劳动模范王传河汇报。

争扩大化和绝对化，因而在实践上造成了对基层干部打击面过宽、打击过重，以致混淆敌我界限的“左”的错误；在理论上，不仅提出要“以阶级斗争为纲”，并且提出了“这次运动的重点是整党内那些走资本主义道路的当权派”，这就成为后来错误地发动“文化大革命”的重要原因。以上这些就是1981年党的十一届六中全会通过的《建国以来党的若干历史问题的决议》对于这次社教运动所作的结论。对此我完全同意。但这里有个问题，即在正确地否定了这次社教运动的“左”的错误之后，有些人对向党员干部和广大群众进行社会主义教育的必要性忽视了；对干部参加劳动这个党的优良传统也淡忘了，甚至丢掉了。这是一个值得深思和研究的问题。他们不了解，干部参加劳动这个极端重大的问题同社教运动的“左”的错误并无必然的联系。相反，有些地方由于在社教运动中强调干部参加劳动，把增产还是减产作为衡量运动搞得好坏的标准之一，因而不但在一定程度上减轻了“左”的错误所造成的损失，而且对于解决干部作风和经营管理等方面存在的许多严重问题也起到了一定作用。这些在《决议》中是予以肯定了的。由此也可说明，只要指导思想在阶级斗争问题上不犯“左”的错误，把社会主义教育和干部参加劳动结合起来进行是完全必要的。

值得提起注意的是，毛主席在上面所说的那个批示中，就要求通过社会主义教育运动，逐步加深广大干部对于参加生产劳动的伟大革命意义的认识。为此，他高瞻远瞩、居安思危地指出："阶级斗争、生产斗争和科学实验是建设社会主义强大国家的三项伟大革命运动（当周恩来同志问及三者排列次序时，毛主席说，按社会科学来说，首先应是生产斗争，而后是阶级斗争、科学实验），是使共产党人免除官僚主义、避免修正主义和教条主义，永远立于不败之地的可靠保证，是使无产阶级和广大劳动群众联合起来实行民主专政的可靠保证。不然的话，让地、富、反、坏、牛鬼蛇神一齐跑了出来，而我们的干部则不闻不问，有许多人甚至敌我不分，互相勾结，被敌人腐蚀侵袭，分化瓦解，拉出去，打进来，许多工人、农民和知识分子也被敌人软硬兼施。照此办理，那就不要很多时间，少则几年，多则几十年，就不可避免地要出现全国性的反革命复辟，马列主义的党就一定会变成修正主义的党，变成法西斯党，整个中国就要改变颜色了。请同志们想一想，这是一种多么危险的情景啊！"

接着毛主席又满怀信心、胸怀博大地指出：这次运动"是重新教育人的斗争……又是干部和群众一道参加劳动和科学试验，使我们的党进一步成为更加光荣、更加伟大、更加正确的党，使我们的干部成为既懂政治、又懂业务、又红又专，不是浮在上面，做官当老爷，脱离群众，而是同群众打成一片，受群众拥护的真正的好干部。这一次教育运动完成以后，全国将会出现一种欣欣向荣的气象。差不多占地球四分之一的人类出现这样的气象，我们的国际主义的贡献也就会更大了"。

据我的理解，毛主席以上这些论述，是他在 1959 年以后一个相当长时期内，针对杜勒斯对社会主义国家的和平演变战略和赫鲁晓夫的修正主义路线所作的如何防止和平演变的一系列理论阐述中的一个重要内容。同时，从毛主席这些论述中我还理解到，只有把干部参加劳动同阶级斗争、生产斗争和科学实验这三者联系起来去看，才能认识它的伟大革命意义。昔阳县全县四级干部参加劳动之所以能够形成新风尚，从一定范围内存在着的阶级斗争来看，他们结合社会主义思想教育，坚决清除"当干部就是为了不参加劳动"的陈腐观念，也即几千年来封建社会遗留下来的"劳心者治人，劳力者治于人"的剥削阶级观念，因而才能提高干部的社会主义觉悟和参加生产劳动的自觉性，才能使干部在参加生产劳动中同广大劳动群众保持血肉关系，抵御资产阶级思想的侵袭，避免浮在上面做官当老爷而脱离群众，避免腐败成风而堕落成为资产阶级自由化的社会基础。这种危险性在当前我们坚持改革开放中，比过去不是减少了而是增加了，因此强调干部参加劳动，防止腐化变质就更为必要了。从生产斗争来看，昔阳县群众普遍反映说："干部参加了劳动，看得到，听得到，说得到，做得到，生产还能搞不好？"所以毛主席很赞赏昔阳县提出的干部参加生产、领导生产的口号。他说，这就好比过去战争时期，你不参加打仗，就不会打仗，不管你读了多少军事书，只能纸上谈兵，毫无用处。从科学实验来看，毛主席说，他看过科学家在实验室工作，那是很紧张的劳动，而且是脑力劳动和体力劳动紧密结合的劳动。科学实验归根到底是为生产斗争服务的。现在我们在农村还没有条件搞科学实验室，但在生产斗争中搞科学试验，如许多农村搞科学试验田，是完全可能的必要的。所以干部参加劳动应该包括参加科学试验在内。把上面这三方面综合起来看，干部参加劳动可在直接推动生产斗争向前发展的同时，把政治思想工作的威力和科学技术是第一生产力的威力有效地发挥出来，做到生产、政治、科技三胜利。这样就能使社会主义优越性尽可能地充分发挥出来，从而也就能使我们的党和绝大多数干部在社会主义历史时期反对资产阶级自由化和反对西方国家和平演变战略的长期斗争中，经得起考验而永远立于不败之地。由此可见，干部参加劳动的伟大革命意义即在于此。在当前世界风云变幻，国际共产主义运动正处于低潮的严峻形势下，我们中国共产党人重温毛主席以上这些论述，从中汲取抵御资产阶级腐朽思想侵袭、防止和平演变的理论力量，坚定建设有中国特色的社会主义的信念，实在是具有极其重要的意义的。

毛主席还从消灭"三大差别"在社会主义历史时期为共产主义准备条件的理论高度，论证干部参加劳动的深远意义。

1958 年 11 月，在第一次郑州会议上，毛主席在讲到"消灭三大差别"时说，工农差别、城乡差别的消灭比较容易，体力劳动和脑力劳动差别的消灭，就不那么容易。这两者的差别，人类社会分工最早出现，共产主义社会也可能最后消灭这个差别。因此，共产主义社会建成的标志之一是消灭体力劳动和脑力劳动的差别。他说，如何消灭体力劳动和脑力劳动的差别？一个是要不断提高劳动者的文化水平，一个是要知识分子通过参加体力劳动工农化。社会主义社会人们在劳动中的相互关系，其中有领导与被领导的关系，有工程技术人员、熟练工人与普通工人之间的关系，而最主要的是领导与被领导的关系。干部参加劳动，工人参加管理，体现了他们之间的平等关系。厂长下车间和工人一道参加劳动，生产就大大提高，没有改变所有制，没有改变分配制度，只是真正体现了平等互助关系就产生了新的生产力。消灭体力劳动与脑力劳动的差别，不断提高文化水平很重要，但仅靠提高文化水平还不够，还要采取其他许多措施，如干部参加劳动，群众参加管理，坚持社会主义教育，不断提高干部、群众的共产主义觉悟和道德水平，在社会主义社会，决不允许无偿占有他人劳动，这是最起码的道德要求。

上述毛主席关于干部参加劳动的指导思想，是马克思主义劳动观、世界观的继承和发展。马克思主义认为，劳动由体力劳动和脑力劳动相结合的原始的低级状态，发展到脑力劳动从体力劳动分离出来成为对立的对抗状态，由此再发展到二者相结合的新的高级状态。这就是人类社会漫长的劳动形态变化和发展的历史画卷。现在，我国社会主义制度已经消灭了体力劳动和脑力劳动的阶级对抗状态，但还存在着二者的差别和旧的社会分工。这种分工和差别是“社会生产力发展又不甚发展的历史产物”（恩格斯语）。社会主义革命和建设的深远目标之一就是要随着社会生产力的高度发展，逐步消灭旧的社会分工，逐步把体力劳动和脑力劳动在一切劳动过程中有机地结合起来。这是实现共产主义的一个必要条件。正如恩格斯在描述共产主义社会时所说：“旧的生产方式必须彻底改革，特别是旧的分工必须消灭。在新的生产组织中，一方面，任何人都不能把自己在生产劳动这个人类生存的自然条件中所应参加的部分推到别人身上；另一方面，生产劳动给每一个人提供全面发展和表现自己全部的即体力的和脑力的能力的机会，这样，生产劳动就不再是奴役人的手段，而成了解放人的手段，因此生产劳动就从一种负担变成一种快乐。”以马克思主义上述关于劳动的理论，来分析当前流行的认为“现代工业、现代农业的机械化、自动化、电脑化程度越来越高，用不着干部参加劳动”的观点，显然是站不住脚的。只有站在共产主义的高度，才能真正认识在整个社会主义历史时期干部参加劳动对于消灭体力劳动和脑力劳动差别的深远的革命意义。

写到这里，我记起了在 1964 年五六月间中央工作会议上，刘少奇同志提出的两种劳动制度和两种教育制度的观点，受到了毛主席的称赞。根据我的记录，少奇同志讲了这样一段话：参加体力劳动这个问题，要从我们这一代开始。否则，我们这一代不开头，下一代也难以开始。先从中央、省市两级开始。……通过两种教育制度和两种劳动制度的改革。经过 50 年到 100 年，争取工人有 70% 到 80%，农民半数以上，达到中等以上的文化水平。这样，使工人、农民既是体力劳动者，又是有知识的脑力劳动者。社会主义革命最重要的是改造人。无论是干部、工人、农民，还是知识分子，将来都不是现在这个样子，而是把体力劳动和脑力劳动结合起来全面发展的人。

1959 年，陶鲁笳（左一）在山西榆次参加劳动。

我感到高兴的是，邓小平同志已经 80 多岁了，每逢清明植树节，还总是和其他中央领导同志一道到北京郊区参加植树造林的体力劳动，坚持和发扬党的这个优良传统。江泽民同志也以身作则，带领中央和国家机关的领导干部到北京郊区参加农田水利基本建设的体力劳动，而且在他主持下，十三届六中全会通过的《关于加强党同人民群众联系的决定》中，把干部参加生产劳动、以平等态度对待群众、保持和发扬同人民群众的血肉联系等内容写进去了。毫无疑问，这个具有深远历史意义的决定，经过全党同志的不懈努力，必将使我们的党永远立于不败之地。

1991 年 10 月

“第一书记要心挂两头、三头”

毛主席说，工业、农业、思想三胜利，这个口号是好的，缺掉一个，就是铁拐李了。缺掉农业就成“斯大林”了。这次会议的文件上要再写一下，不要把农业丢掉了。第一书记要心挂两头、三头，学会多面手。

1958年的成都会议，从3月8日至26日整整开了18天。这是一次破除迷信解放思想的会议。会议开得生动活泼，既务虚，又务实，以虚带实，虚实结合，集思广益，群策群力，产生了30多个工作文件。由于成都会议内容非常丰富，虽然在本书的一些文章中有所涉及，但仍有若干史料值得记录下来，以飨读者。

“谁要念稿子，我就打瞌睡，以示反对”

这次会议，多数省、市、自治区党委第一书记在会上向毛主席作了或长或短的口头汇报。毛主席听汇报有一个特点，最不喜欢汇报人念稿子。他说，谁要念稿子，我就打瞌睡，以示反对。他最喜欢听那种开门见山，反映新情况，提出新问题，发表新见解，有虚有实，以虚带实的汇报。每遇这样的汇报他总是要插话的，而且不止一次。对汇报中一些重要的新情况、新问题，不但向汇报人要问个明白，而且也询问别的有关省、市的同志，启发大家共同讨论。对汇报中反映来自群众的新生事物，他总是热情赞扬和支持，并加以分析概括，使之上升到理性认识，以引起大家的重视。对汇报中反映群众的民歌式的语言，他总是要一字一句地问清楚，然后记在自己的笔记本上。对汇报中某些事实不够准确，观点也不够正确的情况，毛主席很敏感，但他并不板起面孔，严肃批评，而是轻松地给以启示和引导，有时谈些幽默的话逗得大家发笑。对汇报中提出的新问题、新观点，如个别人或少数人有不同的看法，毛主席总是采取保护的态度，使他们敢于坚持自己的看法，这就是毛主席常说的，要设置对立面，使真理愈辩愈明。所以每个汇报人没有怕说错话、怕挨批评的顾虑，而有畅所欲言、抛砖引玉，能多听听毛主席的宏论和教诲的心情。对于新问题、新观点，毛主席总是以高屋建瓴、势如破竹的风格，借题发挥，大发议论，谈笑风生，古今中外，无不涉猎，使人感到自己的思想境界，跟着毛主席的宏论而拓宽了、提高了，使人感到每次汇报的过程，就是一个提出问题、讨论问题、解决问题的生动活泼、高潮迭起的过程；使人感受到毛主席主持汇报会的精湛的领导艺术。

黄河“是一条天生的引水渠”

当我汇报说：山西同北京商量，为了解决工农业和城市的缺水问题，我们有一个共同的雄心壮志，想从内蒙古的清水河县岔河口引黄河的水200个流量，100个流量经桑干河流入官厅水库，100个流量入汾河。科技人员经过勘察，已提出了初步设想。

毛泽东视察黄河。（1952年）

毛主席听了表示同意。他说，我们不能只骂黄河百害，要改造它，利用它。其实黄河很有用，“是一条天生的引水渠”。他还谈笑风生地说，你们的设想，算什么雄心壮志！不过是继承古人的遗志而已。你们查查班固《汉书·沟洫志》，汉武帝时就有一个人建议从包头附近引黄河水经过北京，东注之海。

经查《汉书·沟洫志》果有如下记载，汉武帝时，“齐人延年上书言：‘河出昆仑，经中国，注渤海，是其地势西北高而东南下也。可按图书，观地形，令水工准高下，开大河上岭，出之胡中，东注之海。如此，关东长无水灾，北边不忧匈奴，可以省堤防备塞，士卒传输，胡寇侵盗，覆军杀将，暴骨原野之患。天下常备匈奴而不忧百越者，以其水绝壤断也。此功一成，万世大利’”。由此可见，毛主席的历史知识何等渊博，而且博闻强记，令人叹服。

北京市委第二书记刘仁同志也汇报说，官厅水库的水源问题还没有解决，北京市随着城市的发展，缺水问题将越来越突出，我们想和山西合作，引用黄河的水，这是一个可靠的水源。

毛主席说，可以设想，引用黄河之水，把桑干河修成一条运河，使轮船可以开到北京；也可以设想，把山西的汾河也变成一条运河；还可以设想，用黄河的水在内蒙古改造沙漠，那才叫雄心壮志。

接着我说，山西十年九旱，金木水火土，就是缺水，如果解决了缺水问题，旱涝都不怕，山西也和四川一样就成为“天府之国”了。我们也设想过，引黄入汾，使汾河不但可以保证太原的用水，而且可以有灌溉之利，舟楫之便。

说到这里，毛主席问我，你们山西有个闻喜县，你知道为什么叫闻喜？我说不知道。他说，汉武帝乘楼船到了这里，正好传来在南越（即现在的越南）打了大胜仗的捷报，汉武帝就给这地方起名为闻喜。汉武帝那时就能坐楼船在汾河上行驶，可见当时汾河水量很大，现在汾河水干了，我们愧对晋民呀。山西出煤，开煤矿发电也都得用水。山西现在缺水，黄河流经山西1000多公里，应该对山西有所贡献，引黄济汾是理所当然的。

经查《汉书》，果有如下记载：汉武帝元鼎六年，行东，将幸缑氏，至左邑桐乡，闻南越破，以为闻喜县（当年闻喜县所属范围与现在不同——作者注）。

新中国成立后，毛主席对治理我国的大江大河一直非常重视，而且做过认真的全面的调查研究，并提出了宏伟的方略和明确的方针，他曾设想要修建三峡水库，并主张南水北调，把长江的水引到华北平原，同时也可从源头通天河引入黄河，解决西北、华北北部的缺水问题，还提出“一定要把淮河治好”，“一定要把黄河的事情办好”，“一定要根治海河”，等等。毛主席治理大江大河、重新安排河山的宏图，永远激励着为建设有中国特色的社会主义的中华儿女奋勇前进！

“它是技术革命的萌芽”

当我汇报山西地方工业情况时，谈到了一个先进的典型——沁县的县属联合工厂。这个厂的工人同县城里的所有工人、科技人员、商业人员、教师、医生、国家工作人员一样，有一句深入人心的口号，叫作：“千条心，万条心，一心为了粮食亩产400斤。”由于他们同全县农业生产合作社紧密联系，供应、维修和创制新式农具、农业机械，生产颗粒肥料，加工农副产品，做出了显著成绩，特别是他们组织的技术支援队，支援农村水利建设和其他建设工程，为农村培养技术人才，修成了小型火力和水力发电站各一座，受到农民普遍欢迎，被全县农民誉为“万宝全”。毛主席当即赞扬说，它的意义很大，有几亿农民搞这个事，每日每时都有新的东西出现，带有伟大的革命意义，它是技术革命的萌芽。完全机械化，恐怕要50年甚至几百年。现在的问题是要重视发挥地方工业的作用。地方工业有四大任务：一为农业服务，这是基本的；一为大工业服务；一为城乡人民生活服务；一为出口服务。30多年前毛主席为地方工业提出的这四项任务，现在不是仍然具有现实意义吗?

“第一书记要心挂两头、三头”

当我汇报山西在完成三大改造之后，省委一直注意加强工农联盟教育，提高广大群众社会主义觉悟，坚持组织工农城乡相互支援，相互协作，做到农业、工业、思想三胜利，并把它作为全省各级、各部门的行动口号。毛主席当即说这个口号好。在1958年11月第一次郑州会议上，他又说工业、农业、思想三胜利，这个口号是好的，缺掉一个，就是铁拐李了。缺掉农业，就成“斯大林”了。这次会议的文件上要再写一下，不要把农业丢掉了。第一书记要心挂两头、三头，学会多面手。工业、农业、思想三胜利是成都会议提出的，是山西人的创造。

"计划生育也有希望做好"

当我汇报，不久前我到晋西南隰县一个山沟里调查，发现这里的山并不很穷，而水却极恶，人饮了，妇女不生育，虽然有的妇女也生育，但过不了三代就断子绝孙了。所以来此落户的都是外来人。这条沟里20多户人家除一户有一个妇女外，其余全是光棍。我和县委商量，决定在沟的上游修一个水库，以改善饮水条件，群众听到后高兴得不得了。毛主席紧接着说，像这样的地方，不是生育过多的问题，而是如何使不生育变为能生育的问题。由此，他借题发挥，谈了对计划生育的看法。他说，要破除迷信，"人多了不得了，地少了不得了"，多年来认为耕地太少，其实每人有二亩半就够了，宣传人多，造成悲观空气也不对。一要乐观，不要悲观；二要控制生育。到赶上英国时，人民有文化了，就会控制了。

由此看来，毛主席是赞成要搞计划生育的。但过去许多人以为毛主席批评过马寅初的"新人口论"，就认为毛主席不赞成搞计划生育，这是一种误解。其实早在1957年春最高国务会议上，毛主席对马寅初在发言中阐述的以节制生育、提高人口质量为中心的"新人口论"的观点就表示了赞成和肯定。毛主席笑着说，人口是不是可以搞成有计划的"生产"，完全可以进行研究试验。马寅初先生今天讲得很好！从前他的意见，百花齐放没有放出来。准备放，就是人家反对，就是不要他讲，今天算是畅所欲言了。听完毛主席的讲话，马寅初兴奋无比地说："我们的最高领袖毛主席对人口问题有同样的看法，这是一种可喜的事。因此，我对毛主席表示最崇高的敬意。"毛主席在1957年10月13日最高国务会议上又讲："计划生育也有希望做好。……要几年试点，几年推广，几年普及。"当然，借口控制人口，宣传人多，制造悲观空气，这是毛主席不赞成的。因为悲观使人丧失斗志，所以他把"要乐观，不要悲观"看作是控制生育的前提条件。

1992年8月

必须利用商品生产和价值法则

毛主席说，在社会主义建设时期，要使我们的路线、方针、计划，符合于客观存在的商品生产和价值法则。……现在还必须利用商品生产和价值法则来积极为社会主义服务。

从1958年11月到1959年4月，党中央和毛主席察觉到“大跃进”和人民公社化运动发生了“左”倾错误，非常紧张地先后召开了两次郑州会议、一次武昌会议、一次上海会议，领导全党纠正“左”的错误。这四次会议我都参加了，给我印象最深刻的是毛主席关于商品生产和价值法则（即价值规律）的系统论述。

1958年8月，北戴河会议作出《关于在农村建立人民公社问题的决议》之后，9月上旬，毛主席由北京出发，途经河北省徐水县，对人民公社作了实地调查。之后，又经石家庄、邯郸、安阳到达郑州。一路上他到处询问公社的情况。他最早察觉到人民公社化运动中有了“左”的苗头。于是决定于11月2日召开第一次郑州会议。他先找河北、山西、陕西、甘肃、河南五省的省委第一书记到他停在郑州的专列上开会。一见面他就说，噢！还是老人手（9月上旬，毛主席在邯郸的专列上就找这五个省委书记座谈过——作者注）。又问，你们有什么新闻？……接着他说，这次会议谈一谈人民公社问题、作风问题、生产问题、体制问题。相继而来参加会议的还有王任重、李井泉、柯庆施、陶铸等省、市委第一书记和中央的部分同志，最后小平同志也来了。第一天会议，陈伯达汇报。他提出要废除商品、以劳动券代替人民币等谬论。此后三天，省市同志汇报。会议期间，毛主席给我们每人发了两本书，一本是斯大林著的《苏联社会主义经济问题》，一本是《马恩列斯论共产主义社会》，并且要我们联系中国社会主义革命和建设，用心读三遍。还说，现在很多人有一大堆混乱思想，读这两本书就有可能给以澄清。11月10日清晨，大家被突然通知到一个小礼堂开会。会议一开始，毛主席说，现在秀才要造反（指陈伯达的谬论），你们知道不知道？今天我给大家开课，讲《苏联社会主义经济问题》。他用一整天时间，结合我国的具体实践，逐章逐段地作了讲解。对于斯大林的观点，有肯定和发挥，也有否定和商榷。他针对当时普遍存在的混淆社会主义与共产主义、集体所有制与全民所有制的情况，明确提出，必须划清这两种界限，肯定现阶段是社会主义，肯定人民公社基本上是集体所有制。同时，关于商品生产和价值法则，从现实出发，在理论上展开了如下的系统阐述：

商品生产是个经济法则问题。人类社会的发展，就是由产品生产到商品生产，再由商品生产回到产品生产。现在有些人，对于商品生产、价值法则的积极意义毫不估计避而不谈，这是对马克思主义极不严肃的态度。现在，我们有些人大有消灭商品生产之势，有不少人向往共产主义，一提商品生产就发愁，觉得这是资本主义的东西。他们没有弄清社会主义商品生产与资本主义商品生产的区别，不懂得利用其作用的重要性，这是不承认客观法则的表现，是不认识五亿农民的问题。在社会主义建设时期，要使我们的路线、方针、计划，符合于客观存在的商品生产和价值法则。要有计划地大大发展社会主义的商品生产、商品交换。我国现在还是商品生产很不发达的国家，比印度和巴西还落后。现在还必须利用商品生产和价值法则来积极为社会主义服务。

商品生产，不但资本主义社会有，封建社会、奴隶社会也有嘛！为什么社会主义社会不能有商品生产呢？商品生产看它和哪个经济相联系就为哪个经济服务。社会主义商品生产和社会主义公有制经济相联系，因此它是为社会主义公有制经济服务的。这正是它和资本主义商品生产区别之所在。在我国社会主义阶段，你不搞商品生产、商品交换，你就要剥夺农民。农民有三权：生产资料权、产品所有权、劳动权。你只要废除商品生产和商品交换，实行调拨，就要剥夺农民这三权。现阶段应当利用商品生产，团结几亿农民。只要存在两种公有制，商品生产就极其必要，极其有用。只要有商品生产，你没有人民币怎么行！

人民公社的经济主要是自给经济的说法不对。公社要扩大社会交换，要尽量生产能和本地、本省、本国和世界交换的东西。公社不能“小国寡民”，要搞多种经济作物，要搞工业，扩大生产可交换的产品。农业人口可以减少一半，就地搞到工业中去。为什么要五亿人口搞农业？农业和工业要有一个大的分工。苏联集体农庄不办工业，无法消灭城乡差别。

商品、工资、价值法则、经济核算、价格、货币，这些概念在目前阶段还有它的积极作用。我们是为了消灭商品生产而发展商品生产，正如为了消灭专政而加强专政一样。

商品，如斯大林所说，“只限于个人消费品”行不通，还有农业工具（包括拖拉机）、手工业工具也是商品。这样是否会导致资本主义？不会。斯大林把拖拉机完全由国营拖拉机站垄断，不卖给集体农庄。赫鲁晓夫不是把农业机械卖给农庄了吗？农庄并没有因此而变成资本主义嘛！历来就有商品生产，现在加上一种社会主义商品生产。

在 1958 年 11 月的武昌会议上，毛主席讲到商品交换时，提醒大家注意苏联《政治经济学（教科书）》第三版承认生产资料也是商品，这是对斯大林的《苏联社会主义经济问题》的一个重大的修正。毛主席说，生产资料归根到底是制造生活资料的。他批评斯大林对国营企业生产的生产资料和集体农庄生产的生活资料的关系没有弄清楚，为了扩大积累，不是等价交换，而是提高工业品价格，压低农产品价格，扩大“剪刀差”，对农民竭泽而渔。他针对有些同志企图过早地取消商品，否定按劳分配、价值法则、等价交换的主张，明确指出继续发展商品生产和继续保持按劳分配的原则，对于发展社会主义经济是两个重大原则问题，必须在全党统一认识。并且还尖锐地指出，“一平”（分配上的平均主义）“二调”（无偿挪用生产队的劳力、物资）的“共产风”，是对按劳分配、价值法则、等价交换的否定，是对别人劳动的无偿占有，是对农民的剥夺。这不是马克思主义，而是“左”的修正主义。

在1959年2月召开的第二次郑州会议上，毛主席围绕公社所有制这一中心问题，进一步从理论上、政策上作了系统的阐述。在这次会议上，我汇报了会前我在洪洞县蹲点，目睹公社干部把富队的粮食无偿调给穷队，富队社员愤怒地群起阻拦以致相互殴打的情景。当时我对县社干部说，队与队之间的贫富差别是客观存在，不能强行拉平，只有承认差别，才能消灭差别，正如毛主席说过的，只有承认山头，照顾山头才能消灭山头的道理一样。毛主席听了点头表示同意，并且他还强调说，把穷队提高到富队的水平，要有一个较长的过程。这个过程，是农业机械化、电气化、公社工业化、国家工业化的过程，是人民的社会主义、共产主义觉悟程度和道德品质提高的过程，也是人民的文化教育和科学技术水平提高的过程。这只是第一阶段，以后还有第二、第三阶段，才能完成社会主义建设。现在，土地、人力、产品三者名义上归公社所有，实际上仍然是而且只能是归生产队所有。目前阶段，只有部分归公社所有，即公社的积累、社办工业、社办工业的固定工人，此外还有公益金。所谓社有，如此而已。虽然如此而已，伟大光明灿烂的希望也即在这里。年年增加积累，年年扩大社办工业，不但有大型农业机械，而且有社办电站、社办学校等，这样经过若干年，即可在所有制上，由基本上队有变为基本上社有。

为了纠正“共产风”，毛主席指定几个人起草一个通俗、简明的条文。当我作为起草小组成员之一向他汇报说到“公社要实行三级管理、三级核算、各计盈亏”时，他非常敏锐地指点说，你没有讲等价交换、价值法则嘛。经过多次讨论修改，毛主席综合大家的意见，最后形成了整顿人民公社的十四句话方针，即：“统一领导，队为基础；分级管理，权力下放；三级核算，各计盈亏；分配计划，由社决定；适当积累，合理调剂；物资劳动，等价交换；按劳分配，承认差别。”他还说，在社与社、队与队、社与国家之间，在经济上只能是买卖关系，必须遵守等价交换的原则。

1961年广州会议时，毛主席曾回顾过去说，第二次郑州会议是比较正确的。但是由于1959年庐山会议后，在农村也“反右倾”，而没有继续贯彻第二次郑州会议纠“左”的决议，以致人民公社“一平二调”的两个平均主义，只解决了“调”的问题，而没有解决“平”的问题，这是一个深刻的教训。

1959年4月上海会议的一个重要议题仍然是人民公社问题。为了继续纠“左”，这次会议产生了《关于人民公社十八个问题》的文件。我在会议期间向毛主席写了一个山西县一级召开五级干部会议贯彻“十四句话”方针的情况的报告，他看了当即写了《介绍山西经验》的标题，作为会议文件印发了，并且还在报告的六处写了批注。报告中讲到运城县五级干部会议宣布将公社扣用原高级社的现金收入全部算清退还，社员听到后高兴得跳了起来，以此实例证明，第二次郑州会议“主席提出的旧账要算、要处理的指示，是完全正确的，是群众的一个迫切要求”。在这段话的后面，他写了第五处的批语，专门论述了价值法则。批语是：“旧账一般不算这句话，是写到了郑州讲话（指第一次郑州会议的讲话——作者注）里面去了的。不对，应改为旧账一般要算。算账才能实现那个客观存在的价值法则。这个法则是一个伟大的学校，只有利用它，才有可能教会我们的几千万干部和几万万人民，才有可能建设我们的社会主义和共产主义。否则一切都不可能。对群众不能解怨气。对干部，他们将被我们毁坏掉。有百害而无一利。一个公社（应为一个县的公社——作者注）竟可以将原高级社的现金收入四百多万元退还原主，为什么别的社（应为别的县的公社——作者注）不可以退还呢？不要‘善财难舍’。须知这是劫财，不是善财。无偿占有别人劳动是不许可的。”（见附件）

说到这里，我还想起了1960年1月间毛主席在一次政治局扩大会议上说，刮“共产风”、刮浮夸风、刮命令风是一件坏事，但也有好处。如果不刮“共产风”，广大干部就不会学会价值法则、等价交换这一套。这一刮就学到了，

20 世纪 50 年代，陶鲁笳（左一）与陈毅（左二）。

就打了预防针，可以起免疫作用。今后刮“共产风”可能少些，但浮夸风、命令风可能还会刮的。所以对于刮“三风”，也要看到它本身的二重性，有教育作用。1960 年冬，华北局第一书记李雪峰同志，向华北各省、市、自治区的领导同志传达了中央常委会议议过的关于向农民退赔的问题。在这次会议上，毛主席又一次严厉地批评“一平二调”的“共产风”是对农民的掠夺，使全国人民遭受到巨大的物质损失。毛主席再三强调一定要坚决彻底退赔，不这样做，就是恶霸。我们这一辈子就是要把这件事办好。同时他还提出从中央起各级领导干部都要认真学习马克思主义的政治经济学。1961 年 3 月，我们省委专门批转了闻喜县退赔的经验，使全省干部进一步认识了“一平二调”的“共产风”的危害，决心破产还债。据统计，从 1961 年到 1962 年，全省共退赔 3.174 亿元，其中公社退赔 1.174 亿元，占 37.3%，县以上退赔 2 亿元，占62.7%，其中由国家财政拨款退赔的为1.365亿元，约占县以上退赔总数的60%。实践证明，这样做，对于调整农村生产关系，恢复和发展农业生产起到了很大的作用。

现在回过头来看，毛主席关于商品生产和价值法则的论述，对我国社会主义经济问题，从理论上提出了许多切中时弊而又有深远意义的独到见解。不仅对全党干部特别是高级干部学习马克思主义政治经济学提供了极为有益的启示，而且据此党中央制定的一系列方针政策，对于纠正“大跃进”和人民公社化运动的“左”倾错误，收到了一定的成效。遗憾的是，由于当时“左”的指导思想没有根本转变，因而这种纠正是不彻底的，在理论上、实践上没有一贯地继续进行深入的探索。后来相当长时期，在一浪接一浪的阶级斗争浪潮中，任何谈论商品生产、价值法则的声音，再也听不到了。毛主席的这些正确论述，似乎完全被人遗忘了。从党的十一届三中全会开始，经过十二大和十三大，以邓小平同志为核心的党的第二代中央领导集体深刻地总结了正反两方面的历史经验，创立了以经济建设为中心、坚持四项基本原则、坚持改革开放的基本路线。尔后，邓小平同志又总结了改革开放的生动经验，使之成为建设有中国特色社会主义的理论，继承和发展了毛泽东思想，也丰富和发展了毛主席关于商品生产和价值法则的正确论述，使毛主席当年所讲的社会主义商品生产在城市和农村都得到了巨大的发展，取得了举世公认的伟大成就。特别是乡镇企业有了惊人的发展，乡镇企业的工业总产值已占全国工业总产值的三分之一以上。当年毛主席提出的要有半数农业人口就地搞工业的设想，在全国不少地方已经成为现实，而且沿海有些地方已超过了他的设想，初步实现了农村工业化。我想如果他能亲眼看到这个现实，该是多么高兴啊！

1991年5月

附件

中共八届七中全会文件三十五

编号000138

介绍山西经验

此件很好，很容易看。如有头昏病，还可以愈头昏。

毛泽东

一九五九年三月三十日

主席：

最近几天，我通过电话了解了一下各县五级干部会议的情况。一般都开得极为生动活泼，解决问题又快又深又透。开会的方法比我们原来所设想的，也有了新的发展。概括起来，有以下的几个特点。

一、五级干部会议和全民大讨论结合进行。事实上，各县在五级干部会议举行以前，所有公社对于郑州会议所提出的所有制问题和“十四句话”的方针，已经展开了全民讨论。（**毛注：有些地方不是这样，他们怕鬼，不敢将郑州要点立刻一竿子通到生产队、生产小组和全民中去。他们怀着无穷忧虑，怕天下大乱，不可收拾。**）这种形势逼着县委不能关起门来开五级干部会，而不注意领导全民讨论。怎样使这二者结合进行呢？一般有三种方法：（1）开全县性的电话会议或者有线广播会议。（2）各个公社参加五级干部会议的人，一部分人是固定的（每县平均四五千人），另一部分是不固定的。会内会外，人来人往，络绎不绝，利用大字报，内外交流，互通情报。大字报的内容，有批评、自我批评的，有建议或表示不同意见的，有报喜的……（3）县委临时派出工作组帮助领导较薄弱的公社。（**毛注：这三条办法好，群众一到，魔鬼全消。本来没有鬼，只在一些同志的大脑皮层里感觉有鬼，这个鬼的名字叫做“怕群众”。**）

二、各县县委都按照省委的指示，在五级干部会议的头一天，向大家宣布了“言者无罪”，“不戴帽子”，“允许任何人保留自己的意见”。（**毛注：很好，**

必须这样肯定。）这样放手发动群众，有二三天的时间就可以形成大鸣大放的高潮。各种各色的对立面的意见，畅所欲言地放出来了。有的人指住公社党委书记或者县委书记的鼻子，大发牢骚，甚至有破口大骂的。有的人说："你们十个指头都烂掉了，还说九个指头是好的。"有的人说："共产党的工农商学兵相结合，还不如阎锡山的兵农合一。"还有的人说："日本人是三光政策，公社化是五光政策。"诸如此类，不一而足。据榆次市、太谷县的材料，五级干部会议经过三天鸣放，有观潮派、算账派的言论甚至有反动言论的人，约占到会人数的百分之十左右。估计其中相当一部分人的言论是属于发牢骚的性质。**（毛注：牢骚也吧，反动言论也吧，放出来就好。牢骚是一定要让人发的，当然发者无罪。反动言论，放出以后，他们立刻就会感觉孤立，他们自己会作批判。不批判也不要紧，群众的眼睛里已经照下了他们的尊容，跑不掉了，故也可以实行言者无罪这一条法律。现在是一九五九年，不是一九五七年了。**）在大鸣大放的基础上，各县都按照省委召开的六级干部会议的经验，坚持地采用了自上而下的领导干部进行自我批评，和群众性的摆事实、讲道理的辩论相结合的说服方法。这样做，效果极好。不但基层干部有瞒产私分、本位主义、弄虚作假等缺点、错误的，纷纷作了自我批评，而且有观潮派、算账派言论的人，极大多数也作了自我批评，最后，极个别的有反动言论的人彻底地孤立起来了。从而使大家心情舒畅地由浅入深地达到了统一的认识。有的同志说，过去几个月，上下之间有怨气，现在化为和气了。

三、解决思想问题和解决实际问题相结合。五级干部会议时间，一般是七八天，最多九天。三分之二的时间着重解决思想问题，其余三分之一的时间，用以解决公社体制问题以及若干具体政策问题。但是，在解决思想问题的过程中，公社的基层干部和社员群众，迫切地要求解决各种实际问题。其中，以劳动力问题、粮食问题和去年秋季大炼钢铁以来的经济账等三个问题最为突出。针对群众的这些迫切要求，坚决地迅速地处理一些可能办到的实际问题，对于鼓舞干部和群众情绪，进一步推动思想运动的发展，是大有好处的。例如，忻定县在会议过程中，根据大家提出的意见，在不多几天之内，就从全县大小城镇中动员回乡两万多人，其中参加农业生产的劳动力约一万人。同时，在粮食问题上，根据不问来源、不咎既往、现款交易、谁卖谁得的政策，和多劳多得、多劳多吃（指在同一生产队内，劳动成绩好的人比落后的人，分得的口粮可以多一点）、多产多吃（指超产的生产队比没有完成包产的生产队，可以从超产部分中分得一定比例的粮食）、多产多卖、多卖多得、多得多分的原则，明确地规定具体实施办法。当此项办法向会内会外的干部和群众宣布了之后，在几天之内，全县尚欠八百万斤的粮食收购任务，很快地完成了。有些公社闹“缺粮”风潮的不闹了。又如运城县五级干部会议在解决思想问题的过程中，宣布了将过去一个时期全县公社扣用原高级合作社的现金收入合计四百六十四万元全部退还给原高级合作社。许多社员听到了情不自禁地高兴得跳了起来。各县五级干部会议和全民讨论的情况证明，主席提出的旧账要算、要处理的指示，是完全正确的，是群众的一个迫切要求。（**毛注：旧账一般不算这句话，是写到了郑州讲话里面去了的，不对，应改为旧账一般要算。算账才能实行那个客观存在的价值法则。这个法则是一个伟大的学校，只有利用它，才有可能教会我们的几千万干部和几万万人民，才有可能建设我们的社会主义和共产主义。否则一切都不可能。对群众不能解怨气。对干部，他们将被我们毁坏掉。有百害而无一利。一个公社竟可以将原高级社的现金收入四百多万元退还原主，为什么别的社不可以退还呢？不要“善财难舍”。须知这是劫财，不是善财。无偿占有别人劳动是不许可的。**）

四、全民大讨论和当前的生产运动相结合。各县在五级干部会议期间，从县委到公社各级组织，都有专人分工负责领导生产。群众白天生产，利用空隙，分头酝酿，或出大字报，晚上开会讨论。各县的材料，都毫无例外地证明，五级干部会议和全民大讨论，对于当前的生产运动起到了巨大的促进作用。思想运动的高潮，已经带动起了一个新的令人鼓舞的生产运动的高潮。（**毛注：开大会将要妨碍当前紧迫的春耕生产，这也是一项迷信，已被群众打破。看开什么会。开一平二调三收款的会呢，还是开现在这样的会。前者一定妨碍生产，毁坏社会主义，毁坏人民公社。后者则完全相反。**）

看来，农村出现的一片新气象，对于城市的工业生产运动，将又一次地起着促进的作用。最近，在工业生产方面，群众运动的高潮，也已经取得了新的进展。

陶鲁笳

一九五九年三月二十九日

最好的学习是从自己的错误中学习

毛主席说，看来，错误不可能不犯，如列宁所说，不犯错误的人从来没有。郑重的党在于重视错误，分析犯错误的原因，公开改正。

一

1959年3月25日到4月5日，党中央在上海先后召开了政治局扩大会议和八届七中全会。我参加了这次会议。会议在毛主席主持下，把讨论和确定钢、煤、粮、棉四大生产指标，主要是钢铁指标，作为会议的重要内容之一。毛主席在讲话中多次提到陈云同志关于这方面的正确意见。在这次会议前召开的1958年12月武昌会议上，陈云同志曾提议不要公布当时确定的1959年的钢、煤、粮、棉四大指标。1959年1月上旬，陈云同志又一次提出，四大指标是难以完成的。但在这次上海会议开头，分管工业、农业的中央领导同志在政治局扩大会上提出的生产指标，仍然是武昌会议公布的：钢2000万吨，粮10500亿斤，而且事先没有同各省、市、自治区商量，就在大会上宣布各省、市、自治区的具体指标，并指名要求表态。我记得当时会场上的气氛一时有些沉闷，因为大多数省、市、自治区的同志都感到指标过高，但又不便明确表态，有些同志只是语焉不详地讲了讲完成本地区任务有困难的实际情况。当时在主席台上的除有分管工、农业的中央领导同志外，还有大区中央局书记柯庆施和李井泉。他们用一个腔调说服大家接受中央既定的指标，我还记得李井泉同志说，你们完不成粮食指标，四川可以再分担些，无非多增产红苕，允许一斤红苕顶一斤粮（按国家规定，四斤红苕折一斤粮——作者注）。柯庆施也说，你们完不成钢指标上海也可以再分担些。他们这样一说，确实使人有两难之感。不接受吧，似乎有右倾之嫌；接受吧，又确有难处。这种情形为中央领导同志所察觉，所以在散会后，部分中央同志便分头到各小组进行说服工作。例如，说服我要山西完成钢100万—120万吨，如确有困难，可以仍按1958年那样，再完成20万吨土钢来补足；完成粮180亿—220亿斤，如确有困难也可多种红薯来补足。当时我通过电话同在家的省委常委商量，大家一致认为，我省1958年实产钢42万吨，粮食实产也只有92亿斤，1959年钢、粮指标定得那么高是根本不可能完成的，因此都主张建议中央把指标降下来。在会内我接触到的一些其他省的领导同志都有同感。

1958年，陶鲁笳（右二）、李雪峰（右一）等人向植棉劳模吴吉昌学习芽苗移栽。

二

在政治局扩大会议期间的一天，毛主席召集六个大区的负责同志到他的住处座谈，通知的名单中也有我，但我接到通知晚了，去时正赶上吃午饭。在餐桌上我正好坐在毛主席的对面。由于我对高指标心里很不踏实，就情不自禁地说：“主席，我感到这次会议定的四大指标都过高了，特别是钢和粮两个指标，我已和在家的常委通过电话，大家一致认为这样高的指标是无法完成的。”我的话还没有说完，毛主席就对着王任重同志说：“你有同情者了。”这时我才知道，饭前开的座谈会已讨论过指标问题，而且知道任重同志也是不同意这样高的指标的。毛主席的话音刚落，柯庆施同志对着我说，要有雄心壮志嘛！共产党员不说三分大话不算数，有三分大话七分可靠就行了嘛。我当即对柯说，不能把雄心壮志和说大话混为一谈，我们山西农民有句话，“说大话，放空炮，亩产千斤办不到”。可见群众对我们那些没有根据、办不到的大话是很不满意的。这时李井泉同志又对着我说，要跳起来摘果子嘛！不要站在那里就想把果子摘到手。我对李说，现在的问题是，跳得再高也摘不到果子呀。曾希圣同志又帮腔说，分给我们安徽的指标，只要鼓足干劲，是能够实现的，因此，我们接受；指标再低了，不利于调动干部和群众的积极性。我对曾说，我们山西武乡县有一个党支部开党员大会，支书根据上面的意见，提出要搞亩产 800 斤。党员们说："200 斤低，400 斤高，800 斤你自己背起来好了。"说罢，党员们都走散了，只剩下支书孤家寡人。请问，指标过高能够调动干部和群众的积极性吗？

在我们争论过程中，我看到毛主席捂着嘴在一边笑。最后他说，既然有不同意见，可以再讨论讨论嘛！尽管毛主席只说了这样一句话，却说明他察觉到在指标问题上存在着相互对立的不同意见，这就使我心里感到踏实了些。事后我才知道，在我到会之前，在座谈会上柯庆施等同志也以大话空话压人，王任重同志也同他们进行过针锋相对的争辩。

最后，八届七中全会通过的决定，把钢产指标由 2000 万吨，调整为 1650 万吨，粮食指标未动，仍然为 10500 亿斤。我背回的中央分给山西的指标钢降为 83 万吨，粮仍然是 180 亿—220 亿斤。

三

八届七中全会后的一系列事实证明，毛主席对七中全会决定的钢、粮计划指标能否实现仍在继续考虑之中。当年 5 月 3 日，中央财经小组根据书记处的指示，在陈云同志主持下，用了一个星期的时间，对调整钢产指标问题，进行了周密的研究。中央政治局很快开会讨论并同意了陈云同志关于把 1959 年的钢产指标调整为 1300 万吨的意见。会后陈云同志针对有些同志不同意调整指标的意见，给毛主席写信说：把生产数字定得少一点（实际是可靠数字）是否一定会泄气，也不见得。正如少奇同志在政治局讲的，定高了，做不到，反而会泄气。当年 6 月 15 日，毛主席在有少数中央领导同志参加的会议上说，一些指标定得那么高，使我们每天处于被动地位。工业也好，农业也好，指标都是我们同意了的，都有一部分主观主义，对客观必然性不认识。讲了多少年有计划按比例发展，就是不注意，就是不讲综合平衡。毛主席主持的这次会议，最后确定了 1959 年的钢产指标为 1300 万吨。当年实际完成 1365 万吨。

现在回头来看，1959 年的钢产指标由 1958 年北戴河会议确定的 3000 万吨，武昌会议降为 2000 万吨，上海会议又降为 1650 万吨，最后降为 1300 万吨，才比较接近实际，做到实事求是，变被动为主动，这是多么不易啊！而且还应当看到，1959 年全国钢产指标的超额完成是在“一马当先”“全民保钢”的条件下实现的。就钢本身来说是个胜利，但就国民经济全局来说，却有失误的一面。它破坏了国民经济综合平衡和协调发展，造成了工农业比例的严重失调。粮食产量连年大幅度下降，而钢本身也好景不长，在 1961 年后连续九年钢的产量都低于 1959 年的实际水平，最低的一年只有 667 万吨。

四

更为严重的是粮食指标居高不下。1958 年 12 月武昌会议确定 1959 年的粮食计划指标 10500 亿斤。1959 年 4 月召开的全国人民代表大会批准了这个指标。这个令人不可思议的高指标，是如何产生的呢？它来自既然钢产量能翻一番，粮食产量也应该和可能翻一番的主观臆断；它来自对 1958 年粮食产量将达到 6000 亿—7000 亿斤，1959 年 5 月对 1958 年的粮食产量重新估产为 5500 亿斤（实际只有 4000 亿斤），照此数字翻一番，就得出了 1959 年计划产粮 10500 亿斤这个远远脱离实际的高指标；它还来自要提前和超额完成农业发展纲要提出的到 1972 年粮食产量实现 7200 亿斤的要求。所以，在钢产计划指标调整到比较接近实际时，粮食计划指标仍然居高不下。尽管毛主席在 1959 年 4 月 29 日针对当时农业生产中普遍存在的不实事求是、不讲真话、瞎指挥等错误作风，向全党发出的五封《党内通信》中，反复严厉批评了说假话瞎指挥等不正之风，并指出：有许多假话是上面压出来的，上面“一吹二压三许愿”，使下面很难办。但粮食计划指标仍然没有进行调整，直到 1959 年庐山会议期间，毛主席 8 月 2 日在会上说，上海会议时有同志主张改指标，看来，那时改是困难的。现在要改，变被动为主动。这次会议才把粮食计划指标由 10500 亿斤调整为 5500 亿斤。尽管调整幅度如此之大，结果，和这种良好的主观愿望截然相反，1959 年的全国粮食总产量只有 3400 亿斤。1959 年、1960 年和 1961 年，农业连续三年大幅度减产，当然，三年自然灾害有一定的影响，但主要原因是瞎指挥、高指标、高估产、高征购造成的。农业连续减产，使工业产量被迫下降，国民经济遭受到新中国成立以来第一次严重的挫折，人民吃穿的基本需求发生了始料不及的难以想象的困难，迫使整个国民经济不得不进行大调整。从 1960 年冬开始，党中央和毛主席决定对国民经济实行调整、巩固、充实、提高的正确方针。

在国民经济进行调整的四年中，开始两年的粮食计划指标仍然是偏高的，不切合实际的，直到1963年粮食计划指标定为3186亿斤，实际完成3400亿斤，计划同实际才比较一致起来。

五

从以上叙述中使我们体会到，过高的工农业生产计划指标给予我们党的教训是极为深刻的。在克服困难纠正错误的过程中，毛主席在没有建设经验的情况下，善于从实践中发现问题，善于从错误中吸取有益的东西，善于运用批评与自我批评的武器，使主观认识逐步接近实际，对如何搞好计划工作，讲了许多精辟的、对今天仍然有重要意义的意见，现在摘要列举如下：

1959年庐山会议，毛主席在开头的讲话中说，“大跃进”的主要教训之一，就是没有搞综合平衡。说是两条腿走路，几个并举，实际上并没有兼顾。整个经济工作中，平衡是个根本问题。有三种平衡：农业本身的农、林、牧、副、渔之间的平衡；工业内部的平衡；工业和农业之间的平衡。过去安排国民经济的次序是重、轻、农，没有执行《论十大关系》确定的次序。应当反过来，以农、轻、重的次序安排国民经济计划，重工业要为轻工业和农业服务。

1964年5月中央工作会议上，毛主席说，过去我们制订计划的方法基本上是学苏联的，先定下多少钢，然后根据这来计算要多少煤、电、运输力量等等，根据这些再计算增加多少城市人口、多少生活福利。钢的计划产量指标一变少，其他都跟着削减，这是一种不合实际的方法，行不通，要改变计划方法。我们的方针是以农业为基础，以工业为主导，按照这个方针制订计划时，先看需要多少化肥、农药、机械、钢铁，可能搞多少工业，还要考虑国防需要。要按照我们掌握的客观比例关系安排计划。1959年毛主席就说过，社会经济按比例发展是个客观规律，资本主义如此，社会主义也是如此。不同的是因为资本主义建立在私有制的基础上，不能用计划来调节，只能按价值规律自发调节，就是说经过破坏，然后调节。社会主义建立在公有制的基础上，所以有必要和可能用计划来调节，也有必要和可能在制订计划时自觉考虑价值规律的作用。但计划本身是主观的，要使主观符合客观，就要善于自觉地利用价值规律，在比例关系遭受破坏之前预先调整计划。

1959 年毛主席在谈到苏联《政治经济学教科书》中说的工厂下放是“革命措施”时，他认为这就是承认全民所有制内部有矛盾，这种矛盾发展到要采取“革命措施”来解决。过去我们的计划管得太死，束缚了生产力的发展。石景山钢铁厂国家原定计划投资 2.4 亿元，建设规模 60 万吨钢、100 万吨铁，五年完成，下放给工厂自己管理后，结果，变成 120 万吨钢、2000 万吨铁，时间两年半。这个生产力是从哪里来的？原来就有嘛，只是没有发挥出来。办法无非是调整全民所有制内部的矛盾。全民所有制，生产资料国有，但归工厂掌握使用。由此可见，那时毛主席从理论和实践的结合上，就已提出要改变计划管得太死和扩大企业自主权的见解了。

1958 年 8 月 24 日，毛主席在北戴河会议上说，苏联几十年，工业集中在中央各部所有，我们不能这样做，中央只管 20%，其余统统下放。企业下放了，就像民族独立一样，下边积极性就高了，一倍的钱就可能做两倍的事。

1960 年 6 月 18 日上午，毛主席在上海会议上作了《十年总结》的讲话。讲话中就计划和指标问题作了批评和自我批评。他说，1958 年 8 月北戴河会议提出了 3000 万吨钢在 1959 年一年完成的问题。1958 年 12 月武昌会议降到 2000 万吨，1959 年 1 月北京会议是为了想再减一批而召开的，我和陈云同志对此指标很不安，但会议仍有很大的压力，不肯改。我也提不出一个恰当的指标来。1959 年 4 月上海会议规定了 1650 万吨的指标，仍然不合实际。我在会上作了批评。这次会议讲了要多谋善断。这个批评之所以作，是在会议召开之前两日还没有一个成文的盘子交出来，不但各省不晓得，连我也不晓得。不和我商量，独断专行，我生气了，提出了批评。我说，我要挂帅，这是大家都记得的。下月（即 5 月）北京中央会议规定指标为 1300 万吨，这才完全反映了客观实际的可能性……但在农业方面仍然被动，直至于今。管农业的同志和管工业的同志、管商业的同志一样，在这一段时间内，思想方法有一些不对头，忘记了实事求是的原则，有一些片面思想（形而上学思想）。

毛主席多次强调作计划要留有余地，余地留得大一些好。在《十年总结》中，他说，1960 年 6 月上海会议，规定后三年的补充计划，仍然存在着一个相当大的危险，就是对于留余地，对于藏一手，对于实际可能性还要打一个折扣，当事人还不懂得。1956 年周恩来同志提出的第二个五年计划，大部分指标，如钢等，替我们留了三年余地，多么好啊！

毛主席在《十年总结》中还作了自我批评。他说，我本人也有过许多错误。有些是和当事人一同犯了的。例如我在北戴河同意1959年完成3000万吨钢，12月又在武昌同意了可以完成2000万吨，又在上海会议同意了1650万吨。如此等等。看来，错误不可能不犯，如列宁所说，不犯错误的人从来没有。郑重的党在于重视错误，分析犯错误的原因，公开改正……有一部分错误也是难以避免的。哪里有完全不犯错误的，一次就完成了认识真理的所谓圣人呢？真理的认识不是一次完成的，而是逐步完成的。

毛主席鉴于高指标使我们天天处于被动地位的情况，他在《十年总结》中从理论上阐明了主动权问题。他说，同志们，主动权是一个极端重要的事情。主动权就是“高屋建瓴”“势如破竹”。这件事来自实事求是，来自客观情况对于人们头脑的真实的反映，即人们对于客观世界的辩证法的认识过程。我们过去10年社会主义革命和社会主义建设，就是这样一个过程。中间经过许多错误的认识，逐步改正这些错误，以归于正确。现在就全党同志说，他们的思想并不都是正确的，有许多人并不懂得马列主义的立场、观点和方法，我们有责任帮助他们懂得。在当天下午的会上，毛主席说他写《十年总结》这篇文章的意思就是如此。现在重温毛主席所讲的这段来自实践的理论概括，使我们仍然感到很亲切，并且感到获得主动权不仅对计划工作如此重要，对其他一切工作也都一样。

六

写到这里，我想起了一个久久萦回在脑子里的问题：为什么纠正高指标这个脱离国情、违背客观经济规律的错误，我们党用了那么多的时间，花了那样多的精力，付出了那样大的代价？客观地说，在1958年北戴河会议后首先发现人民公社化、“大跃进”运动的“左”倾错误，其中包括高指标错误的是毛主席。从我个人的亲见亲闻，我感到从1958年11月第一次郑州会议到1962年1月七千人大会的三年多时间里，毛主席集中精力纠正“左”的错误，尽管中间经过曲折和反复，总的看，他在纠正高指标的错误过程中，旗帜鲜明，态度坚决，表现了一个伟大的辩证唯物主义的实践论者的风采。但是，我也感到毛主席有时又流露出欣赏高指标的情绪，似乎表现出一种矛盾的心理状态。在1960年6月上海会议上，毛主席说，订计划要留有余地，指标低一点，努力争取超过，有什么不好！同时又说，今年的钢产量要超过1840万吨，能超过一吨也好，现在看完成 2100 万吨有希望。实际上当年钢产量只有 1866 万吨。这正是毛主席这种矛盾心理状态的一次流露。我个人认为，毛主席这种矛盾的心理同他在 1957 年莫斯科会议期间的讲话有关。这个讲话的主要内容通过 1958 年 1 月 1 日《人民日报》社论《乘风破浪》公布于世。社论提出："超英赶美"的战略任务，这就是"我们要在十五年左右的时间内，在钢铁和其他重要工业产品产量方面赶上和超过英国，在这以后……准备再用二十年到三十年的时间在经济上赶上并超过美国"。现在回头来看，这个重大战略决策，显然是不符合我国实际情况的，因而是一个重大的失误。尽管后来纠正高指标的错误做了那么多艰苦的工作，也取得了不少成效，但这只能看作是战术上的胜利。而在战略决策错误的情况下，战术胜利再多，也不能从根本上改变欲速不达的被动局面。根本的历史教训，在于不顾国情国力而急于求成，这是值得我们全党永远吸取的。

毛主席毕竟是一个伟大的马克思主义者。恩格斯说过："最好的学习是从自己的错误中学习。"就认识和纠正高指标的错误来说，毛主席正是善于运用自我批评的武器从自己错误中学习的榜样。例如，"大跃进"中提出"以钢为纲"的口号，把钢看作统率国民经济的"元帅"，要"元帅升帐"，其他方面都要为它让路，结果出现了一马当先、万马齐喑的局面。实际上钢产量多少并不全面反映综合国力的强弱。苏联的钢产量早已超过美国，但它的综合国力和美国相比却差距很大，而且这种差距有越来越大的趋势。毛主席发现了这个错误，他在 1960 年上海会议上说，过去想搞一亿吨钢，不一定。现在搞三千、四千、五千、六千万吨，要把质量放在第一位，要品种全，规格高；要有特殊钢，要样样都有，使五六千万吨钢顶一亿吨用。30 年前毛主席从错误中悟出的这个道理，对今天仍然有现实意义。

前面已经说过，毛主席对高指标的错误有过多次自我批评，而每次所作的自我批评都对客观实际的认识前进了一步，都对客观真理有所发现，有所发挥，给全党以极大的启示。他曾针对高指标的错误形象地说，我们自己搞起来的"菩萨"自己供起来。我理解，"赶英超美"的口号，就是我们搞的一座"大菩萨"，当时我们绝大多数省部级以上领导干部（包括我在内）都急于改变一穷二白的面貌，而对此是深信不疑，坚决照办的，因此，不能把责任全推到毛主席一个人身上，是大家都有份的。正因为如此，它长时间内束缚了我们的思想，从而也束缚了生产力的发展。在著名的 1962 年七千人大会上，毛主席再次郑重地进行自我批评，并承担责任。他强调要好好总结经验，正确认识客观世界，认真实行民主集中制。他指出：中国人口多，底子薄，经济落后，要使生产力很快地发展起来，要赶上和超过世界上最先进的资本主义国家，没有100多年的时间是不行的。从此“大菩萨”搬掉了，错误的战略决策抛弃了，中央各部门和各省、市、自治区也纷纷推倒了自己搞起来的“小菩萨”，从1963年到1965年，经济建设连续三年出现稳定、协调发展的好形势，不能不认为这和搬掉了大小“菩萨”，解放了全党思想有直接的关系。

党的十一届三中全会以来，邓小平同志以老一辈无产阶级革命家的远见卓识，总结了过去正反两个方面的历史经验，继承和发展了毛泽东思想，正确地为党制定了以经济建设为中心，坚持四项基本原则，坚持改革开放的基本路线。同时正确地制定了我国经济建设分三步走的战略部署。即：第一步，在1980年的基础上，国民生产总值翻一番，解决人民的温饱问题；第二步，到本世纪末国民生产总值再增长一倍，人民生活达到小康水平；第三步，到下世纪中叶人均国民生产总值达到中等发达国家的水平。这个战略部署，从总体规划来看，和过去那种失误的规划相比，应当说，是留有充分余地的，是适合我国的国情的。现在第一个战略目标，经过10年的努力实现了。我们党已经找到了一条建设有中国特色的社会主义的正确道路，难道对这一点还有疑义吗？

1991年12月

把革命精神与科学态度结合起来

毛主席说，建设社会主义一定要有解放思想、破除迷信、勇于创新、大胆实践的革命精神，一定要把革命精神和实事求是的科学态度结合起来。破除迷信不能把科学也破除了，破除迷信正是要为发展科学技术开辟道路。

一

汾河是山西境内黄河水系的第一条大河。它发源于管涔山，流经晋中盆地、晋南盆地，灌溉着全省最富饶的地区。这就是晋中盆地“富十县”美称的由来。但是，解放前，汾河基本上没有治理，因而周期性的洪涝灾害无法控制，只得任它“十年河东，十年河西”。用汾河水浇地也是习惯地采用大水漫灌的办法，不但经济效益差，而且土地盐碱化越来越严重，汾河洪灾不但威胁着晋中 150 万亩肥沃的农田，也威胁着山西的省会太原市。解放后，太原的工业和城市建设发展得很快。我记得 20 世纪 50 年代初期，太原河西曾发生过一次特大山洪。一天清晨，我和省长裴丽生同志得悉洪灾的讯息后，立即奔赴现场，只听得发自西山的洪水声如轰炸机一样隆隆作响，这是我有生以来第一次听到这种可怕的声音。霎时间，一些新建的工厂、学校和房屋被冲毁了，人们从睡梦中醒来惊吓得不知往何处逃命。有的爬到树上，有的抱着被冲倒的树木顺水漂流。洪水作恶虽为时不长，但损失很大。

汾河水库 30 年的历史证明，它发挥了汾河上中游综合利用的大型水利枢纽工程的作用。它是按照高标准的防洪要求设计的。因此，太原和晋中盆地的洪水威胁基本消除了。据测算，30 年内仅拦蓄致灾洪水 11 次，其减灾效益即达 24 亿元。而且化害为利，大大改善了晋中农田的灌溉条件，扩大了水稻种植面积，土地盐碱化也有了对付的办法。更重要的是保证了太原市的供水，其次还兼有发电、养鱼之利，使太原市居民能够经常吃到鲜鱼，这是太原市历史上不曾有过的事。说到这里，我记起了 1955 年陈云同志第一次来山西，他在听取我们汇报太原的情况时问道：“太原市你们调查过没有，有多少地上水，多少地下水，可以供给工业和太原人民生活的需用？”“将来太原市的工业建设和城市建设的规模是要受水资源的制约的。否则，盲目地过急过快地扩大工业和城市建设的规模，是要吃大亏的。”陈云同志的这些话是很有远见的。他的这些话，使我们懂得了水利不仅是农业的命脉，而且也是工业和城市的命脉。现在，这个道理越来越清楚地被人们认识到了。我们国家已经把开发和利用水资源列为国民经济的一个重要基础产业了。汾河水库的建成，可以说在山西为建设这个基础产业开了一个好头。

1959 年，陶鲁笳（右一）在汾河水库参加劳动。

二

兴建汾河水库，是山西省委 1958 年 7 月 3 日作出的决定。经过不到半年的准备工作，12 月正式开工，到 1960 年 6 月基本建成，只用了一年半的时间，加上准备工作整整两年。这是创历史纪录的高速度，是从 1958 年开始的三年“大跃进”的一个成功范例。现在的年轻人没有亲身经历过那个年代，听到的又多是一片失误的批评声，留下的印象往往是：“大跃进”那几年只不过是“发疯”的年代，绝不会有什么闪光的东西。诚然，“大跃进”从总体上看，它给我国的国民经济造成的不良后果是严重的。急于求成，欲速不达的教训是深刻的。不承认这一点，就不是历史唯物论者。但是，好比打仗，从战略上看是失败的，但从战役战术上看却有许多胜利的战例，历史的复杂性正在这里。如果在认识上拘泥于整体失误，看不见这许多胜利的战例，不能从中汲取有益的东西，也即闪光的东西，就不是辩证唯物论者，而是片面的形而上学的历史唯心论者。

那么，汾河水库的建成作为“大跃进”的一个胜利的战例，有哪些闪光的东西值得我们永远汲取呢？

首先应当指出，这个设计库容为7亿立方米的大型水库，坝高60米，坝顶长750米，是采用水中填土的办法来建造的。这在世界上是没有先例的。世界上没有的事我们敢不敢干？当“大跃进”之前我们提出这个设计方案的时候，上上下下怀疑和反对的人很多。他们的理由无非是外国对水中填土坝在技术规范上有不能超过25米高度的明确规定。迷信洋人成了当时最大的阻力。“大跃进”来了，毛主席给我们送来了“及时雨”，他教导我们说，建设社会主义一定要有解放思想、破除迷信、勇于创新、大胆实践的革命精神，一定要把这种革命精神和实事求是的科学态度结合起来。破除迷信不能把科学也破除了，破除迷信正是要为发展科学技术开辟道路。山西省委、省政府根据毛主席的教导，依靠以刘锡田同志为水利总工程师的一支坚强的科学技术队伍，经过长时间的前期准备工作，反复的科学试验和科学论证，提供了系统的、可靠的科学论据。证明汾河土质最适宜建水中填土坝，从而驳倒了那些怀疑和反对的意见。实践证明水中填土的坝高突破洋人规定的死框框是完全可行的，而且经济价值很高。如果采用混凝土来建坝，不仅耗资大，而且需要大量施工机械；而采用水中倒土的办法可以大大节省投资，并可少用施工机械。这样的大好事为什么我们不敢干呢？现在汾河水库已成功地经过了30年的考验，我们可以理直气壮地说，它是水利建设史上的一颗明星。它那不熄的闪光，就是上述毛主席光辉思想的生动体现。

毛主席1959年4月在上海召开的中央工作会议上还说，看准了的事要大胆干，当逆风袭来时要敢于“挡风”。这是毛主席在“大跃进”开始后又一个有深远意义的指导思想。当我从上海开会回到省委作了传达后，得知对正在建设中的汾河水库，从北京吹来一股冷风质问我们，水中填土的办法究竟靠得住靠不住？汾河水库是太原头上的一大盆水，搞得不好是会把太原冲跑的。于是省委立即召开紧急会议，决定省级党政领导干部带领机关干部到水库工地，一边参加劳动，一边研究设计和施工究竟有无问题。紧接着，北京派来了一批人，其中包括有苏联专家。他们在工地上听取了我们的汇报后，认为现在的大坝平均高度只有6米，汛前要达到40米高的设计要求是不可能的，而且质量无保证。所谓质量即“干容重”（每立方米干土的重量），因此他们有的主张及早下马，有的（主要是苏联专家）主张为了保证质量，改变设计要求，汛前大坝高度降为30米，增修临时泄洪道。针对他们的不同意见，整个工地上展开了一场上马还是下马、要不要修改设计的民主大讨论。在这个关键时刻，刘锡田同志夜以继日地重新翻阅、核实了资料和数据，向省委、省政府的领导汇报说，大坝质量不是无保证而是肯定有保证的，因而无须修改设计。工地总指挥刘开基同志也反映群众的激昂情绪和强烈愿望，拍着胸脯说，坚决不同意下马，坚决不同意修改设计，坚决保证“七一”拦洪，向党的生日献礼。我们所有的省级领导同志一致同意他们两人的意见，顶住了下马风。我和王谦同志为争取“七一”拦洪向党献礼，在工地干部大会上分别作了动员讲话。于是5万劳动大军很快掀起了比质量比速度的劳动竞赛的新高潮，显示出了领导、科技人员、群众三结合的群众路线的强大威力。

这里，我对影响质量的“干容重”问题，还想多说几句。起初群众由于没有经验，技术操作不熟练，水中填土质量达不到设计标准。往往在小型试验时达标了，但在大面积上一推广就不能达标。苏联专家认为达不到标准的原因是由于填土含水量过低造成的，因此他们建议：必须增加灌水深度，延长浸水时间，“宁湿勿干”。这就是他们要修改设计的理由。但是我们的科技人员没有迷信洋专家，他们经过科学实验，找到了设计“干容重”的最优含水量，因而否定了洋专家的建议。据此，工地总指挥部提出了“为不断提高‘干容重’，控制含水量而奋斗”的口号。为实现这个口号，人人献计献策，充分发挥各显其能的聪明智慧。群众很快掌握了保证“干容重”的诀窍，创造了一套科学的技术操作规程，既保证了高质量，又实现了高速度，这个历史经验告诉人们：不要迷信权威，迷信洋人，而要相信领导、科技人员、群众三结合所产生的伟大创造力；敢于创新，就要敢于“挡风”。否则，就不会有今天的汾河水库。

现在回想起来，当时工地的情景是十分感人的。5万劳动大军真如打响了一场战斗那样，艰苦卓绝，热火朝天，争分夺秒，夜以继日，前仆后继，奋不顾身，以至于有几位民兵和干部流尽了最后一滴血，献出了自己年轻的宝贵生命。而同时工地上却到处是欢声笑语，红旗招展，锣鼓喧天，洋溢着一种革命乐观主义的激情。对于历史上如此壮观的场面，可能有人认为真的“发疯”了。不！这是基于社会主义崇高理想而焕发出的无私奉献的拼搏精神。的确，当时从省委到全体劳动大军共同一个心愿，就是把建设汾河水库看作是为社会主义办好事、为山西人民造福的光荣而伟大的事业。所以大家才有那样一种拼搏精神，那样一种以苦为乐、以苦为荣的革命乐观主义。人生的意义在于奉献而不是索取。这就是组织起来的劳动大军所共有的革命的人生观、价值观。我们只有靠这种西方资产阶级所不可能有的革命的人生观、价值观，才能充分发挥社会主义的优越性，创造一个接一个的人间奇迹，直至最终战胜资本主义。这就是汾河水库的建设者们给后代留下的最可宝贵的精神财富。

三

水利建设是人类同自然作斗争中一项永无止境的伟大事业。当年省委所作的兴建汾河水库的决定，头一句话，就是根治汾河水害，开发汾河水利，从根本上改变汾河流域的面貌。30 年过去了，用这句话来衡量一下汾河流域的面貌有没有改变呢？我认为有改变，但距离根本改变还远得很。要根本改变，谈何容易，没有多少代人坚持不懈地努力是不可能的。就拿汾河水库来说，30 年来泥沙淤积越来越严重，拦洪蓄水的能力越来越减弱，再不采取措施就难以发挥其枢纽工程的作用了。现在正在进行泄洪排沙的改建工程，并计划再建一个汾河二库使上下两库联合运用，既调沙又调水。我看这些措施是完全必要的。但还不够，还必须充分做好水土保持工作。就是说，必须把治水和治山结合起来，把水利工程和绿化荒山荒坡结合起来。二者不可偏废。否则，就不能达到根治水害、开发水利的目的。汾河水库是这样，整个汾河流域也是这样。治水治山是一个宏大的相互配套的系统工程，必须制定长远的全面的规划，然后分阶段分步骤地加以实施。应当看到，汾河上游及沿河东西两侧广大山区把绿化工作搞好了，不但可以减少泥沙流入汾河及其干支流的所有水库，而且可以改变整个汾河流域的小气候。要做到这一点，比修建水库工程要艰巨得多。领导不重视，不带领和动员全民年复一年地来搞是办不到的。还应当看到，汾河还有一个水源不足的问题。即使绿化搞好了，小气候有所改变，恐怕也解决不了这个问题。所以历史上就有引黄济汾之说。1958 年 3 月在毛主席主持的成都会议上，我就曾向毛主席汇报说，我们山西和北京市有一个共同的雄心壮志，就是为了解决工农业缺水问题，想从内蒙古的清水河县岔河口引黄河水 200 个秒立方，一半经桑干河流入官厅水库，一半流入我们已确定修建的汾河水库。毛主席风趣地说，你们这个设想算什么雄心壮志，不过是继承古人的遗志而已。你们查一查班固著的《汉书·沟洫志》，汉武帝时就有一个人建议，从包头附近的山岭开凿一个大洞，引黄河的水经过北京东注渤海。后来我们查了，确有这样的记载。我还汇报说，山西十年九旱，金木水火土，就是缺水。如果解决了水的问题，旱涝都不怕，山西也将和四川一样成为“天府之国”了。我们也设想过引黄济汾，使汾河不但可以保证太原市的用水，而且可以有灌溉之利，舟楫之便。说到这里，毛主席讲了汉武帝乘楼船到闻喜县的故事。这说明汉武帝那时就能坐楼船在汾河上行驶，可见当时汾河水量很大。现在一遇大旱汾河就成了干河。引黄济汾，使汾河水量大增，也可像古代那样行船通航，应该有这个雄心壮志嘛！

毛主席的即席谈话，给了我们极大的启示和鼓舞。从那时起，经过多年的工作，引黄工程的引水口由原定的内蒙古清水河县岔河口，改在山西偏关县万家寨，在那里修建大型水库和大型水电站。我们设想，如果以万家寨水库为起点，引黄济汾的方案实现了，加上汾河二库又建成了的话，那么汾河中游的面貌就必将改观。这一段汾河河槽经过加工治理，即可用青石或水泥把两岸衬砌起来，使河槽固定，加大流量，从而使太原供水、农田灌溉更有保证，还可实现“舟楫之便”的理想，并使宽广的汾河滩增加大量的良田。即使如此，汾河流经晋南的那一长段的问题还不能解决。

这里我要提到刘锡田同志的岳父曹瑞芝老先生，他是山西解放前即已闻名全国的水利专家。他曾给我送过一本他亲笔写的建议书，建议在黄河龙门上游的石门修建一个水库，把水位提高到一定高度即可解决晋南几百万亩耕地的灌溉问题，还可解决汾河下游的改造问题。这是又一个引黄济汾的方案。他的建议书可能在省档案馆里保存着，希望有关部门组织专家认真研究一下他的建议。我觉得把他建议修建的石门水库和万家寨水库以及三门峡水库联系起来看，就可把流经山西的黄河控制住，不让它再像过去那样自由泛滥危害秦晋两省了。去年我到芮城大禹渡和永济黄河滩看过，坐着游艇在三门峡水库转了一圈，看到那湖光山色和过去大不相同，山上绿了，库水清了，成了有江南风光的旅游景点。特别是看到永济黄河滩上开发了二三十万亩良田，成方连片地种了小麦、棉花、泡桐树，还有一万多亩养鱼池，没有想到昔日荒凉宽广的黄河滩，如今出现了生机盎然的景象。由此使我联想到，如果我们山西把黄河、汾河、沁河、漳河、滹沱河、桑干河统统控制住，加上绿化荒山荒坡，把适宜修建梯田的坡地全部建成水平梯田，建成大寨式的“海绵田”，这将为开发农、林、牧、副、渔大农业，并保证全省工业用水做出十分可观的大文章。《汾河水库志》是这篇文章的开头，再过若干年写第二本、第三本《山西水利志》必将更加生动、更加丰富多彩，山西河山的面貌也必将根本改观，难道这还有疑问吗？

（本文根据1991年10月31日在《汾河水库志》首发式上的讲话修改而成）

让我们来个读书比赛

毛主席说，让我们来一个读书比赛，看谁读的书多，掌握的知识多。只要是书，不管中国的、外国的，古典的、现代的，正面的、反面的，大家都可以涉猎。

读书的方法无非两条，第一条要学会用联系的方法看书中的人物、事物；第二条要学会当评论员。

毛主席一生酷爱读书。在漫长的战争岁月里，马背上总是驮着书，只要一有空隙，他就手不释卷。在延安时期，他动员大家说："让我们来一个读书比赛，看谁读的书多，掌握的知识多。只要是书，不管中国的、外国的，古典的、现代的，正面的、反面的，大家都可以涉猎。"果然，在毛主席的带动下，从延安到各个抗日根据地，读书学习蔚然成风。这场读书比赛的结果究竟怎样呢？时过20年之后，我在1958年3月中央召开的成都会议上听到刘少奇同志说："主席比我们高明得多，对主席的思想、观点、方法、作风，我们的任务是要认真地切实地学习……是可以学到的，而不是'高山仰止，景行行止，虽不能至，然心向往之'[①]。但是，有些是不可及的，例如看那么多书，记忆力那么强，有那么丰富的理论和经验，特别是那么丰富的历史知识，这些在我们全党是没有一个人能及得到的。"少奇同志这段话，实际上可以看作是对延安开始的读书比赛结果的回答。

毛主席对全党的读书学习是紧抓不放的。1958年1月在中央召开的南宁会议上，毛主席根据新形势、新任务提出了读书学习的六条新要求，并写进了《工作方法六十条》。即：第三十九条，学点自然科学和技术科学；第四十条，学点哲学和政治经济学；第四十一条，学点历史和法学；第四十二条，学点文学，调剂生活，扩大眼界；第四十三条，学点文法和逻辑；第四十四条，建议在自愿的原则下，中央和省市的负责同志学一种外国文，争取在五年到十年的时间内达到中等程度。

要求别人做到的事，自己做到，率先垂范，这是毛主席的一贯作风，读书学习尤其如此。我亲身接触到的许多事例足以说明这一点。

学习自然科学，丰富哲学思想

1958年3月成都会议期间，毛主席为着大家对自然科学的学习，给到会的每个人发了一本苏联学者威廉斯著的《土壤学》。他说："这是农业的基础科学，我看了，里边有辩证法，当第一书记的都要看一看。"在此以前毛主席提出的农业"八字宪法"是以"水"字当头的，即：水（利）、肥（料）、土（壤）、种（子）、密（植）、保（植物保护）、管（田间管理）、工（具）。这

① 司马迁：《史记·孔子世家》。

次会上毛主席根据《土壤学》重新解释“八字宪法”时，改为“土”字当头了。他总结我国农民的实践经验认为，种地养地，改良土壤，提高地力，是“八字宪法”的基础，也是它的出发点和落脚点。他全面论证了改良土壤的重要性和可能性以及“土”字当头和其他七个字的辩证关系。他把《土壤学》的高深理论，用他自己的语言表达得很通俗、很生动。他说，土壤是由团粒结构构成的，每个团粒结构就好像人体的细胞。它既是一个小水库，又是一个小肥料库或小营养库。它是一个有活力的有机构成。现在科学技术已经能够弄清楚它的内部结构和各种比例关系是否有问题，有什么样的问题。外部条件又对它有什么有利和不利的影响，这样人们就能对症下药地去进行改良土壤了。这一事例说明，毛主席善于以唯物辩证法学习研究土壤学，对土壤存在的客观规律有了新的更深的认识，从而对“八字宪法”的排列顺序、相互关系作了更加实事求是的解释，表现了马克思主义理论家尊重自然科学、丰富自然辩证法的严谨学风。

1947 年，陶鲁笳（左一）与赵时真（右一）。

我还想起毛主席重视学习自然科学的又一件事。1964 年 8 月中共中央华北局在北戴河召开工作会议，正值毛主席也在北戴河。他找华北局第一书记李雪峰和华北各省、市、自治区的第一书记乌兰夫、刘仁、刘子厚和我五人到他的住处谈话。当他谈到物质变精神、精神变物质时，提到南昌有一位自然科学的学者说，物质变精神可以理解，精神变物质大部分对，但变石头则不能。毛主席说，他提的这个问题启发了我，比如大理石有各种，其中包括人造大理石，人民大会堂的大理石就有很多是人造的。人为什么能造？这就引起我学习化学的兴趣。找化学的书来看，因为人只要理解了大理石的化学构成，就能造出大理石来。什么是大理石？即石灰石叫碳酸钙（$CaCO_3$），过去的人把它一烧就变成氧化钙（CaO），把 $CaCO_3$ 中的二氧化碳（CO_2）烧掉了，剩下一氧化钙，即生石灰。把生石灰加上水即发热，就变成氢氧化钙〔$Ca(OH)_2$〕，即熟石灰。当它在空气中水分蒸发了，又吸收了空气中的二氧化碳，就又变成了石灰石（$CaCO_3$），但不是原来自然的石灰石，而是人造的石灰石了，它的化学构成仍然是 $CaCO_3$。所以，化学是一门精神的学问，然后就可变成物质，可以制造各种肥料、各种石头。电石也是一种石头。石灰石（$CaCO_3$）经过通电产生高温，使碳和钙结合起来成为碳化钙 CaC，即电石。这个事例说明，毛主席在听到有人对他的哲学思想提出疑问和不同意见时，他表现出对自然科学有着多么旺盛的求知欲啊！在毛主席看来，要发展和捍卫马克思主义哲学，不熟悉、不研究自然科学，不吸取自然科学的最新成就是不行的。

学习经典著作，不迷信经典作家

毛主席在 1958 年成都会议上，围绕破除迷信，解放思想，纵论古今中外，趣味横生。我的笔记里有如下一段记录："从古以来，创立新思想、新学派、新教派的人，都是些学问不足的年轻人。他们一眼看出新东西，同那些老古董作战，而没有不遭到反对的。马丁·路德即是如此。安眠药是德国的一个司药发明的，但遭到压迫，后来是法国人承认的。大发明家瓦特是工人出身，爱迪生是卖报的报童出身，第一个发现电的富兰克林只读过三年书，高尔基也只读过两年书。可见不进大学也能成为大发明家、大文豪。问题在于方向对不对。总之年轻人一抓住真理就藐视那些老古董。难道历史不是这样吗？我看是这样。孔夫子是如此，耶稣是如此。他们都在年轻时即成名。释迦牟尼只 19 岁就创立教派，孙中山年轻时就搞革命。那时他有多少学问？学问是后头在革命中去研究、学习而丰富起来的。马克思创立无产阶级学说时年纪也很轻，30 岁左右已经形成，实际上 20 多岁即已开始。在我国古代，贾谊死时三十几岁，王弼死时24岁，李贺死时27岁，夏完淳死时17岁，都是英俊天才，惜乎死得太早了。岳飞被冤杀时才39岁。李世民起事时，18岁就当了总司令。近代的梁启超也是在二十几岁，就把七八十岁的老翰林搞得望风披靡。总之，历史上总是学问少的人推翻学问多的人，总是青年胜过老年。因为青年人精力旺盛，迷信较少，顾虑少，天不怕，地不怕，敢想敢说敢干。而有学问的老年人，出了名，患得患失，顾虑多，迷信也多。”毛主席还说：“我们要学习马列主义的经典著作，但不要迷信经典作家，把他们当作神，照搬而已，抄书而已。联共党史结束语六条中讲理论的一条，即说可以修改过时的结论嘛！迷信经典作家在我们脑子中产生一种镇压的力量。这种态度在学习经典作家时，就没有经典作家那种高屋建瓴、势如破竹的风格，就不可能解放思想。”毛主席的这段话非常精辟，对于读经典著作应该采取什么态度，给了我们非常深刻的教诲！

如何学习经典著作而又不迷信经典作家，1958年第一次郑州会议期间，毛主席给我们作了示范，至今记忆犹新。这次会议，主要纠正混淆社会主义和共产主义界限的“左”的错误思想。11月10日清晨，大家被通知到一个小礼堂开会。一开头毛主席就以洪钟般的嗓音说，现在秀才要造反（指陈伯达在会议开始时提出要废除商品，以劳动券代替人民币等“左”的言论——作者注），你们知道不知道？今天我给大家开课，讲斯大林的《苏联社会主义经济问题》。他用一整天的时间，有的放矢逐章逐段地作了讲解。对斯大林的观点，有肯定和发挥，也有否定和商榷。例如：对于斯大林关于社会主义制度下商品生产和商品交换的必要性及其作用的论述，以及关于价值规律的论述，毛主席总的方面是肯定的，并根据中国的具体实践是有所发挥的。他以此来批评我们党内一些同志中存在着的“左”的观点。他说，我是用斯大林这个死人来压活人。斯大林对英国革命胜利后是否废除商品生产仍有保留。这种对理论问题、原则问题不武断作结论的态度是好的。但是现在我们有些同志在我国目前生产力发展水平远远落后于英国的情况下，就要废除商品生产，废除货币，这些同志岂不是像斯大林书中所说的那样“可怜的马克思主义者”么。但是在另一方面，毛主席又批评斯大林在社会主义制度下承认商品生产、商品交换、价值规律等原则问题上还是羞羞答答的。最明显的一点是，斯大林承认消费品是商品而不承认生产资料也是商品。对社会主义制度下价值规律的作用，虽然斯大林指出了并不限于商品流通范围，也扩张到生产方面，但是，价值规律是否仅仅起经济核算的计算作用，斯大林没有说清楚。毛主席还批评斯大林对国营企业生产的生产资料和集体农庄生产的生活资料的关系没有弄清楚。为了扩大积累，不是等价交换，而是提高工业品价格，扩大“剪刀差”，对农民竭泽而渔。毛主席还风趣地说，在发展大城市问题上，斯大林对恩格斯是有不同意见的。恩格斯主张在一个国家内人口应相对地均衡分布，所以他不赞成发展大城市，认为弊多利少。相反，斯大林认为大城市对于发展经济利多弊少。所以他不赞成集体农庄办工业，不搞农村工业化。毛主席说，我赞成恩格斯的意见，不赞成斯大林的意见。在我国，不实行公社工业化也即农村工业化，不发展星罗棋布的中小城镇，而让农民大批大批自发地涌进大城市，这不但不利于国民经济的总体发展，也不能逐步缩小以至消灭城乡、工农差别的。

毛主席为什么能够高屋建瓴、势如破竹地解剖斯大林的著作呢？我的体会是：他对经典作家没有迷信，头脑中没有“镇压感”；他有丰富的实践经验，以实践作为检验真理的唯一标准，特别是以中国的实践来鉴别斯大林著作中的理论是非，所有这些是永远值得我们学习的。

学点历史，古为今用

毛主席早在1938年就说过：“指导一个伟大的革命运动的政党，如果没有革命理论，没有历史知识，没有对于实际运动的深刻的了解，要取得胜利是不可能的。”1941年他要求全党不但要懂得外国革命史，还要懂得中国革命史；不但要懂得中国的今天，还要懂得中国的昨天和前天。1958年，毛主席再次发出全党都要学一点历史的号召。可见，毛主席把学习和研究历史，放到了何等重要的战略位置。

在1958年下半年到1959年上半年这个期间，毛主席的工作十分繁忙。1958年9月7日，林铁（河北）、吴芝圃（河南）、张德生（陕西）、张仲良（甘肃）和我五个省委第一书记在毛主席停在邯郸的专列上，向毛主席汇报“大跃进”的情况和问题，我们看到主席一面忙于处理“大跃进”刚一开始出现的问题；一面又忙于打电话亲自具体指挥金门打炮，巧妙地对付美蒋联合舰队开向金门的军事行动。更为繁忙的是，为了纠正“大跃进”和人民公社化运动发生的“左”倾错误，毛主席主持了一系列重要会议。11月2日到10日召开了第一次郑州会议；10天之后，又召开武昌会议；两个月之后又召开第二次郑州会议，不到两个月，又召开上海会议。我记得，1959年2月第二次郑州会议前夕，中央派专机从临汾军用机场接上我到了西安机场，又接上张仲良和张德生一同到郑州参加了第二次郑州会议。我还记得，毛主席坐镇武汉时就生产队的规模问题曾给我打过一次电话，当时给我的感觉是毛主席好像指挥战争那样指挥纠“左”。在工作如此繁忙、日理万机的情况下，毛主席仍然坚持研究中国历史，手不释卷。就在上面提到的毛主席的专列上，我听到毛主席身边的工作人员说，主席起居的那节车厢简直就是书房，有各色各类的书。主席除去处理公务外，大部分时间都在看书，连小人书都爱看。近来他一口气看完了吴晗主编的中国历史小丛书。他赞赏这套小丛书，并建议我们买一套，浏览一下。之后，我照办了。读后感到很通俗、很生动、很受教益。

毛主席研究历史，是批判地继承和发展历史的优秀遗产，为现实的革命斗争服务，而不是信而好古，迷信过去。向古人学习是为了现在的活人，古为今用。从第一次郑州会议到上海会议，据我了解毛主席一直在精读陈寿的《三国志》，并针对当时实际工作中存在的问题，讲了《三国志》中的许多人物，讲得最多的是曹操和郭嘉。

郭嘉是曹操的重要谋臣，毛主席说此人足智多谋，协助曹操南征北战，策谋帷幄，出了许多好主意，值得我们学习。当时袁绍的兵力大于曹操。郭嘉曾投奔过袁绍，但时间不长，就看透了袁绍的弱点：“多端寡要，好谋无决。”那袁绍就是这样打了败仗，而曹操听了郭嘉的计谋，就打败了袁绍。郭嘉足智多谋，曹操能够问计于郭嘉，听取他的意见，果断作出决策，这说明曹操是知人善用、多谋善断的人物。毛主席由此联想到“大跃进”和人民公社化运动中，许多领导干部不是优柔寡断，就是少谋武断、独断专行。因此，毛主席说，一定要多谋善断。多谋就是要和各方面去商量，听取有独到见解的好意见，“谋”是基础，没有多“谋”就不可能善断。善断即善于作出判断。判断有三种情况：正确判断；武断；断得不及时，即事后诸葛亮。要当机立断，不能犹豫不决。还说，不要“多端寡要”，头绪太多，不得要领，抓不住中心，每个时期的工作都应该有中心，脑子里经常要装几个大问题。1959 年 4 月上海会议，毛主席更明确地向到会的高级干部推荐读《三国志·魏书·郭嘉传》，再次谈到党的领导干部工作方法上要注意多谋善断和留有余地的问题。

从 1958 年 11 月到 1959 年 4 月，毛主席反反复复向党的高级干部推荐《三国志》中曹操多谋善断、郭嘉足智多谋的史实，是他汲取历史中对现实斗争有益的东西，达到古为今用的一个生动范例。

学点外语，洋为中用

1958 年 9 月间，毛主席在停在邯郸的专列上召集河北、山西、河南、陕西、甘肃五省的第一书记开小型座谈会，讨论“大跃进”中出现的问题。我记得一天中午主席留我们在火车上的会议室吃饭。同桌吃饭的有一位 30 来岁的年轻人，主席给我们介绍说：“他叫林克，是我的英语教师。”主席说：“我每天总要挤时间请老师教英语，现在算已有了点成绩，譬如过去不晓得‘一分为二’英语怎么说，现在会说了：one divides into two. 而且在老师的帮助下，现在我已能阅读《纽约时报》了。”他还说：“我们不是要和美帝国主义作斗争嘛，你不了解它，怎么和它作斗争呢？美国有坏的东西，也有好的东西。坏的腐朽的东西我们要抵制；好的先进的东西我们要学习借鉴。你不懂得美国的语言文字，就不容易做到这两条。所以我建议各省第一书记都要学点英语。中央可以给你们增设一个英文秘书。”尽管后来此事并未实现，但由此说明，毛主席要求党的高级干部掌握向外国学习的语言工具，做到“洋为中用”，表现了战略家的远见卓识。

我记得在 1955 年起草“农业四十条”谈到扫盲时，毛主席还这样说过，将来中华民族应该是世界上具有最高文化的民族。其标志之一，就是每个中国人至少要懂得一种外国的语言文字；其目的之一，就是要使每个中国人都能学习借鉴外国的一切好的先进的东西，这样中华民族不是就能成为世界上文化最高的民族了吗？说到这里，我还回忆起毛主席在 1956 年 1 月党中央召开的知识分子问题会议结束时的讲话中说：“凡是外国好的东西，我们都要把它拿过来。这是我们祖先早就做过的。唐朝宫廷中有七德舞，据说有六个节曲是从外国来的，只有一个是中国的。”

学点文学，调节生活，扩大视野

毛主席是中国伟大的革命诗人，他的诗作不仅在国内有口皆碑，经常被人们引证传唱；而且在国外影响深远，受到极高的评价。

1958 年，从南宁会议到成都会议，毛主席都谈到了文学问题，尤其是诗词问题。3 月 7 日下午，成都会议召开前夕，毛主席带领先行到达的几个省市委第一书记参观杜甫草堂和武侯祠。他兴致很高，边参观边向我们讲解两处的楹联，诵读杜甫的《茅屋为秋风所破歌》："安得广厦千万间，大庇天下寒士俱欢颜。"还风趣地说，看来高级知识分子的住宿困难问题，是古已有之的。随后他带我们到成都的公私合营耀华饮食部，直到二楼，开了三桌饭，我们九个省、市委第一书记和主席坐在一桌。他说："我三十年没进饭馆了，今天我请客。"这时，他诗兴勃发，由杜甫草堂、武侯祠的楹联，联系谈到昆明滇池大观楼的长联。他说，这副长联上下联共180字，气势磅礴，文情并茂，对仗工整，韵味极浓，很值得一读，可以开阔胸襟，扩大视野。他信手拈来似地念了几句联语："五百里滇池，奔来眼底。披襟岸帻，喜茫茫空阔无边。……数千年往事，注到心头。把酒凌虚，叹滚滚英雄谁在？……"之后，他凭自己的记忆书写了这副长联，与会同志争相传抄；我抄的长联至今还在我的笔记本上。（见附件）

就是在这次成都会议上，毛主席谈到新诗的问题。他说："中国诗的出路，第一民歌，第二古诗，二者的结合，产生第三个东西，就可创造出新形式来。形式是民族的，内容是现实主义和浪漫主义的结合。太现实了没味道。"他还说，要收集民歌，其办法，一个机关，一个工厂，每人发几张纸，要他们写出来，限几天之内送来，从前我在农民讲习所就是这样。可以搞几百万几千万首，然后从中选择，比一比哪省的民歌好。时隔两个月的八大二次会议上，毛主席又说，周扬同志讲的搜集民歌，很好，每个乡都可以出一集，出它万把册，有新民歌，有老民歌，都要。

从农民运动讲习所到新中国成立之后，毛主席一直关注民歌，并在自己的诗词创作中注意从民歌中汲取营养，特别在他晚期的诗作如《满江红·和郭沫若同志》《七律·送瘟神二首》《七绝·为女民兵题照》《杂言诗·八连颂》等，每首都独具匠心，豪放自然，通俗易懂，朗朗上口，使人感到毛主席把古诗和民歌二者的优点结合起来，作了创造性的探索。

1964年8月19日在北戴河，毛主席召集李雪峰、乌兰夫、刘仁、刘子厚和我到他的住所谈话。这次谈话的内容很多，一开头就谈到党对文学艺术的领导问题。他说："打鱼的人，手里有纲，网有许多眼，那是目。有一本《朱子纲目》，说到纲不举目不张……文学艺术你们管不管呀？我是十五年没有管了。在延安时，看了《逼上梁山》的戏后，给齐燕铭写过一个信。过去舞台上叫老爷、少爷、小姐、太太统治。历史是人民创造的，舞台上的人民是渣滓，这是一个历史的颠倒，现在要把这个颠倒扭转过来……我在延安文艺座谈会上讲了话，说是有人听，切不可以为有那么回事。……当然批评胡风，批评武训传，那是个别事件，那是目，不是纲，没有抓纲。你们要抓文学艺术工作，要纲举目张。”

毛主席对中国文学的研究，造诣之深，是古今罕见的。他在各种会议上，联系解决实际工作问题和认识问题，谈《红楼梦》，谈《水浒》，谈《三国演义》，谈屈原，谈鲁迅，等等。大家为他的深厚的文学功底和幽默诙谐的谈吐所折服，为受到深刻的思想教育和美的享受而钦佩。1938 年 10 月，毛主席在六届六中全会一次休息闲谈时，笑着对贺龙、徐海东两位将军说，中国三部小说，《三国演义》《红楼梦》《水浒》，谁不看完这三部小说，不算中国人。可见，他把阅读和研究中国文学作为革命者生活中不可缺少的东西，这些是值得我们担负领导工作的人反复思考认真学习的。否则，对文学艺术的领导做到纲举目张是不可能的。

关于读书的方法

1958 年 11 月 20 日上午，毛主席召集柯庆施、李井泉、王任重和我四个人到他在武汉东湖畔的住所开座谈会。原来我们都认为主席要座谈的是预定在第二天，即 11 月 21 日开始的中央工作会议和相继召开六中全会的问题。谁也没有料到，当主席和蔼可亲地招呼我们在客厅坐定之后，一开头却说：“今天找你们来谈谈陈寿的《三国志》。”

他习惯地拿起一根烟，一折两截，把一截放在桌上，一截插进烟嘴，点燃后轻轻吸了一口，然后问大家：“你们都看过这部书吗？”柯庆施首先回答：“看过，还看过《三国演义》呢。”毛主席侧身坐在座椅上向我们环顾了一下说道：“不过，《三国演义》是小说，《三国志》是史书，二者不可等同视之。若说生动形象，当然要推演义；若论真实性，就是说更接近历史真实，罗贯中的《三国演义》就不如陈寿的《三国志》啰！比如，旧戏里诸葛亮是须生，而周瑜是小生，显然诸葛亮比周瑜年纪大。这可能是来源于演义，然而《三国志》上记载周瑜死时 36 岁，那时诸葛亮才 30 岁，即比周瑜小 6 岁。”这时李井泉插话说：“书中那么多人物、事物，看过就忘了，不如主席记得那么清楚。”主席说，为什么记不清楚呢？要想记得清楚，看书就得讲究方法。读书的方法无非两条，第一条要学会用联系的方法看书中的人物、事件；第二条要学会当评论员。

在这次座谈会 10 天之前，即第一次郑州会议上，毛主席说："把商纣王、秦始皇、曹操看作坏人是错误的。"在这次座谈会上，他详细地谈了自己对这三位历史人物的评价。

谈到曹操，毛主席说，你们读《三国演义》和《三国志》注意了没有，这两本书对曹操的评价是不同的。座中有的同志说，一个是贬，一个是褒。主席说，是的。《三国演义》是把曹操看作奸臣来描写的；而《三国志》是把曹操看作历史的正面人物来叙述的，而且说曹操是天下大乱时期出现的"非常之人"，"超世之杰"。可是因为《三国演义》又通俗又生动，所以看的人多，加上旧戏上演三国戏都是按《三国演义》为蓝本编造的。所以曹操在旧戏舞台上就是一个白脸奸臣。这一点可以说在我国是妇孺皆知的。毛主席说到这里，愤愤不平地说，现在我们要给曹操翻案。我们党是讲真理的党，凡是错案、冤案，十年、二十年要翻，一千年、二千年也要翻。他实事求是地评价曹操说："曹操统一北方，创立魏国，抑制豪强，实行屯田，兴修水利，发展生产，使遭受大破坏的社会开始稳定和发展，是有功的。说曹操是奸臣，那是封建正统观念制造的冤案，这个冤案要翻。"

谈到纣王，毛主席说，史书上把纣王描写得像一个青面獠牙、十恶不赦的坏人。太过分了。连孟夫子也为他抱不平地说"尽信书则不如无书"，"桀纣之恶未有如此之甚也，是以君子恶居下流，天下之恶均归焉。"纣王宠妲己、剖比干心，这两件坏事，使他得到了一个大暴君的恶名，于是天下之恶就都归到纣王头上了。似乎他什么好事都没有做。其实纣王这个人聪明善辩，能武能文。他打起仗来是很有英雄气概的。商朝晚期，江淮之间的夷人强盛起来，威胁商朝，纣王的父辈曾几次对东夷用兵，得了些胜利，但没有打退东夷向商朝的扩张和侵犯。纣王当政后亲率大军东征夷人。打了一场空前的大胜仗，俘虏了"亿兆夷人"，由此打退了东夷的扩张，保卫了商朝在东南方的安全。而且纣王尚武重文，他对东南的经营，使中原文化逐渐发展到了东南，这对我国历史是有贡献的。毛主席说，商朝就是做生意的意思，它标志着商朝已开始有了商品交易，到纣王时已成为当时最富强的、文化最高的奴隶制国家。

毛主席说，纣王亡国的教训，一是对周文王、周武王励精图治、吸收商人文化，促进周族社会的发展，积极准备推翻商朝的统治，完全丧失了警惕性。

根本不听商朝大贵族微子、箕子和王子比干的反复进谏。结果，比干被杀，箕子被囚为奴，微子见势不妙逃走了。纣王陷入了众叛亲离的绝境。一是纣王不会做俘虏工作，把大量战俘集中于京城附近；而周人在纣王的战俘中却做了内线工作。当周武王率领的大军距商都 70 里的地方，商王宫廷才得到消息，赶忙停止为欢庆胜利而举行的歌舞和酒宴，开始讨论应敌的对策。这时商朝的主力军还远在东南战场，一时征调不回来，纣王只得把大量东夷战俘武装起来开向前线。结果，战俘纷纷起义，掉转矛头，配合周军进攻商纣。纣王见大势已去，登鹿台自焚而死。"纣克东夷而殒其身"，这就是商朝的结局，纣王的悲剧。

谈到秦始皇，毛主席说，人们从书中得知，秦始皇有焚书坑儒的恶行，因此把他看作是大暴君、大坏人。焚书坑儒当然是坏事，它把蓬蓬勃勃发展起来的百家争鸣的生动局面给挫折了。但我们对什么事都应当有分析，秦始皇并不是不问什么书都焚，也不是不问什么儒都坑。他焚的是"以古非今"的书，坑的是孟子一派的儒，其实只有 460 人。孟子主张"法先王"，所以孟子一派的书是"以古非今"的。而荀子一派则相反，主张"法后王"，推行法家一派的学说。秦始皇是主张"法后王"，反对"法先王"的。所以，他并不坑荀子一派的儒，也不焚荀子一派的书。秦始皇"以古非今者族"的主张值得赞赏。当然，我并不赞成秦始皇的滥杀人。当时，要由奴隶制国家转变为封建制国家，不实行专政是不行的。但对孟子一派采取焚书坑儒的办法，太过火了。政治上要实行专政，文化上要提倡百家争鸣、百花齐放，我们现在就是这样。这一条秦始皇是办不到的。

说秦始皇没有做过一件好事，太武断了。秦始皇第一个统一了中国，统一了原来各国的度量衡，车同轨，书同文字，变分封制为郡县制。这些事关中华民族兴盛的大事，能说不是好事吗？秦始皇还在陕西关中开凿了有名的郑国渠，长 300 余里，可灌溉农田 4 万余顷，直接于生产有益，于人民有益。秦国也因此富强起来，终于把六国吞并了。能说这不是好事吗？

秦始皇是一个大独裁者，有些历史学家这样说不是没有道理的。毛主席认为，对于这一点也应该有分析。秦始皇有独裁的一面，也有高度集中统一领导的一面，二者有区别又有联系。后者在秦始皇吞并六国、统一中国的过程中，是他取得成功的一个积极因素。当秦始皇看准全局的情况之后，他善于调动各方面的力量集中到主攻方向上来，而且在实行主攻任务的时候，有很大的决心，很大的气魄，很顽强的毅力，敢于力排众议，不听那一套动摇军心的话。

在1959年4月上海会议上，毛主席针对当时工作中存在的分散主义、本位主义、有令不行、有禁不止的情况，提出：要学习和借鉴秦始皇善于集中力量于主攻方向，同时要学会走群众路线。也就是把集中统一的领导和群众路线统一起来。毛主席说，不利于群众的事情就是不利于国家，没有什么有利于群众而不利于国家的事。秦始皇并不是没有过错，给秦始皇翻案，要看到他还有重大的过错。历史上的秦始皇搞专制独裁，同群众路线是根本对立的。现在我们需要的是走群众路线的“秦始皇”。一方面领导上不要给人乱戴帽子，允许保留意见，言者无罪，闻者足戒；一方面领导要以身作则，提倡作自我批评。这样两个方面结合起来，经过不同意见的争论，在这个基础上集中起来，这是革命的“秦始皇”，集中统一就有了群众基础。

为什么秦朝在秦始皇死后，不到三年就灭亡了？古来许多政治家、历史家做过多方面的研究。毛主席对汉朝贾谊的《过秦论》最为赞赏。他说，贾谊是政治家、历史家，他写的《过秦论》是以人民力量和人民的向背为基本立足点，来观察国家兴衰、帝王成败的。所以，《过秦论》最后的一句话概括秦朝速亡的原因是：“仁义不施，攻守之势异也。”用现在的话说，就是对人民施行暴政，丧失了民心。这是值得后世吸取的深刻教训。

毛主席对三个有争议的历史人物的评说，具体生动地体现了他提倡读历史书要用“联系”和当“评论员”的两种方法。所谓“联系”，按照辩证法，各种事物都有对立的两个侧面，“联系”就是对立的两个侧面的联系，而不是什么无缘无故的联系。如前所述，毛主席针对工作中存在着的分散主义，要求高级领导干部像秦始皇那样善于调动各方面的力量集中到主攻方向上来，以加强集中统一的领导。而集中统一的领导和分散主义在一个领导体系内是对立的两个侧面，它们在一定条件下，能够相互转化。这就是毛主席用“联系”的方法读史用史的例证之一。毛主席对三位历史人物的评论，说明他当“评论员”站得高，看得远，不囿于已有的历史结论，而有自己独立思考的独到见解。

总之，毛主席提倡的“联系”和当“评论员”的读书方法，二者是相辅相成不可分割的。只有“联系”才能拓宽视野，有所比较，学以致用；只有当“评论员”才能有分析，有鉴别，有结论。离开了“评论”的联系，就缺乏灵魂；离开了“联系”的评论就没有基础。

1993年9月

附件

昆明大观楼楹联

五百里滇池，奔来眼底。披襟岸帻，喜茫茫空阔无边。看，东骧神骏，西翥灵仪，北走蜿蜒，南翔缟素；高人韵士，何妨选胜登临，趁蟹屿螺洲，梳裹就风鬟云鬓，更苹天苇地，点缀些翠羽丹霞。莫辜负四周香稻，万顷晴沙，九夏芙蓉，三春杨柳。

数千年往事，注到心头。把酒凌虚，叹滚滚英雄谁在。想，汉习楼船，唐标铁柱，宋挥玉斧，元跨革囊；伟烈丰功，费尽移山心力，尽珠帘画栋，卷不及暮雨朝云；便断碣残碑，都付与苍烟落照。只赢得几杵疏钟，半江渔火，两行秋雁，一枕清霜。

要尊重唯物论、尊重辩证法

毛主席说，辩证法就是研究现象与本质的一门科学。因此，我们要好好学习辩证法，学会用辩证法来观察和分析问题。

要尊重唯物论、尊重辩证法。而且首先要尊重唯物论。马克思主义的辩证法是唯物辩证法，而不是黑格尔的头足倒置的唯心辩证法。

列宁把辩证法叫作“马克思主义的灵魂”（见罗森塔尔、尤金编的《简明哲学辞典》）。谁都知道，毛主席的所有著作、讲话以至平常的谈话，无不渗透着辩证法这个马克思主义的灵魂。他从理论与实践的结合上，继承和发展了马克思列宁主义的唯物辩证法。他一贯倡导要尊重唯物论、尊重辩证法，辩证法应该在中国得到最充分的发展。也就是说，辩证法应该在中国最广大的工人、农民、知识分子和干部中得到最广泛、最深刻的发展。

从1955年到1965年，毛主席在他亲自主持的中央政治局扩大会议，中央委员会全体会议，中央工作会议，省、市、自治区党委第一书记会议或其他会议上，几乎每次都谈到辩证法。我作为山西省委第一书记有幸参加了这些会议，并作了笔记。幸运的是，全部笔记经过“文化大革命”的劫难，失而复得。现在我重新翻阅这些笔记，仿佛看到毛主席那深入浅出、诙谐风趣的谈吐，寄望后学、循循善诱的形象，又一次出现在我的面前。在此期间，毛主席谈的辩证法，主要内容是针对当时实际工作中干部的思想问题而讲的，但今天读来仍然感到很新鲜，仍然感到对于提高我们的辩证思维能力大有裨益。因此，我把在此期间的现场笔录并参考有关档案资料，整理出来，以飨读者。

一、有了辩证唯物论思想就可少犯许多错误

在1955年党中央为反对高、饶反党联盟而召开的党代表会议上，毛主席说，反对高、饶反党联盟的斗争，使我们党大大前进了一步。今后我们要在党内外500万知识分子和各级干部中，用八年时间，宣传辩证唯物论，反对唯心论和形而上学，组成强大的理论队伍。现在我们只有一批做理论工作的干部，还没有组成这样一支队伍。而没有这支队伍，对我们全党的事业，对我国的社会主义工业化、社会主义改造、现代化国防、原子能的研究，是不够的，是不能解决问题的。

我劝同志们先看小册子，引起兴趣，再看厚本子的理论书籍。基础的东西是马克思主义的哲学。这个东西没有学通，我们就没有共同的语言，没有共同的方法，扯了许多皮，还扯不清楚。有了辩证唯物论的思想，就可省很多事，就可少犯许多错误。

毛主席还针对高、饶反党阴谋的揭露过程，说，高、饶反党活动因为有许

多假象，使人迷惑，我和中央其他几位领导同志经过相当长的时间，从多方面进行了详尽的调查研究，并且反复核对了事实，才抓住了他们的阴谋活动。由此，我们得出了一条经验，不要被假象所迷惑。一切事物它的现象同它的本质之间是有矛盾的，人们必须通过现象的分析和研究才能了解到事物的本质，因此需要有科学。科学的任务就是要分析现象与本质的矛盾，透过现象发现本质。如果现象与本质没有矛盾也就用不着科学了。何况假象与一般现象还是有不同的。辩证法就是研究现象与本质的一门科学。因此，我们要好好学习辩证法，学会用辩证法来观察和分析问题。

二、否认人民内部矛盾就是背离辩证法

1957 年 1 月，毛主席在省、市、自治区党委第一书记会议上说，1956 年在中国是社会主义改造最激烈的一年，各种思想都暴露出来了。今年领导干部都要学习辩证法，才能使我们的思想适应新的变化了的客观形势。据我们所知，在苏联有一种观点，认为在社会主义社会工人、农民、知识分子之间，只有一致，没有矛盾，这是不对的。斯大林之所以犯错误恐怕是从辩证法上来的。他在讲辩证法的四条基本特征时避而不谈事物的发展和联系是在矛盾中进行的，这是形而上学。他第一条讲事物的联系好像无缘无故什么东西都是联系的。究竟是什么东西联系呢？就是对立的两个侧面的联系。各种事物都有对立的两个侧面。他第四条讲事物的内在矛盾，只承认对立面的斗争是发展过程的实在内容，却根本不提对立面的统一也是发展过程的实在内容。这就不符合对立统一这个辩证法的根本规律。这个规律表明：对立面是斗争的，又是统一的，是互相排斥的，又是互相联系的，在一定条件下是互相转化的。因此，他在《苏联社会主义经济问题》一书中，不承认或不强调在一定条件下对立着的矛盾的相互转化，因而有绝对主义的倾向，只抓主要的，不抓次要的；只抓绝对的，不抓相对的；只抓敌我矛盾，不抓人民内部矛盾。

我们认为社会主义社会大量的主要的矛盾是人民内部矛盾。如果这种矛盾处理得不好也可能转化为对抗性的矛盾或敌我矛盾。

三、“百花齐放、百家争鸣”是处理人民内部矛盾的一项重要方针

1957 年 1 月，毛主席在省、市、自治区党委第一书记会议上说，百花齐放、百家争鸣，这个方针是 1955 年针对我们国内文艺界的情况依据列宁关于对立统一的学说提出来的。所以，这个方针是正确的，是符合辩证法的。毛主席在同年 3 月全国宣传工作会议上又说，百花齐放、百家争鸣这个方针，不但是使科学和艺术发展的好方法，而且推而广之，也是我们进行一切工作的好方法。所以我们认为“百花齐放、百家争鸣”是处理人民内部矛盾的一项重要方针。但是，苏联人对此却不理解，因为这和他们对人民内部只承认一致，不承认矛盾的观点是相悖的。

毛主席说，真理是同错误作比较和斗争中发展起来的，美是同丑作比较和斗争中发展起来的，善恶也是如此。以此类推，香花是同毒草作比较和斗争中发展起来的。禁止同敌对方面的东西、同丑恶的东西见面是错误的政策。它将引导人们思想衰退。我们有些共产党员的知识的缺点，恰恰是对于反面的东西的知识太少了，比较单调。你不研究反面的东西，就驳不倒它。马、恩、列都不是这样。他们努力学习和研究当代的和历史上的各种东西，并且教别人也这么做。而斯大林就差些，他不教人们学习和研究德国的古典哲学。他说，德国古典哲学是德国贵族对于法国革命的一种反动。但事实是，德国古典哲学成了马克思主义三个组成部分的来源之一。斯大林实际上有形而上学。如苏联 1939 年出版的《简明哲学辞典》中，认为战争与和平、资产阶级与无产阶级、生与死等等都无同一性，因此不能转化。

毛主席说，辩证法认为，有香花必有毒草。说在苏联只有香花，没有毒草，没有那么回事。既然有，让它放出来好，还是不让它放出来好？让它放出来对我们比较有利。让它放出来，经过批判，对广大干部和群众可以起到反面教材的好作用。统一物的两个互相对立、互相斗争的侧面，总有个主、有个次。在我们无产阶级专政的国家里，当然不能让毒草到处泛滥。文艺界、思想界主要的占统治地位的必须力争是香花，是马克思主义。毒草、非马克思主义和反马克思主义的东西，只能处在被统治的地位。在一定的意义上，这就好比原子里面的原子核和电子的关系。原子核一部分叫中子，一部分叫质子。马克思主义应该是原子核，而外围的电子则可以自由主义些。原子核比

较重，电子则很轻，它比最轻的氢原子核轻1800倍。所以让它自由些，有益无害。

新华社出版的《参考消息》的发行量准备由过去的2000份扩大到40万份。请同志们注意领导。其目的就是把各种毒草摆在同志们面前。种牛痘是人为地把一种病毒放到人体里面去，实行"细菌战"，跟你作斗争，使你的身体里头产生一种免疫力。学反面的东西就是种牛痘。所以我们还准备出版蒋介石全集。否则，你看都没有看过，你怎么反对人家。

四、在社会主义制度下少数人闹事是新问题

毛主席在1957年1月省、市、自治区党委第一书记会议上讲人民内部矛盾时，还谈了少数人闹事问题。他说，这是新问题，很值得研究。过去我们是和人民一同站在矛盾的一方。现在阶级快要消灭了，革命基本完成了，当然还有帝国主义。我们现在搞建设，要准备有一部分人年年要闹事的。要经常给干部指出这个问题，并要有分析，同他们交换看法，这样就可使大家有精神准备。共产党现在怕学生、怕群众闹事这有点怪。

为什么闹事？原因是我们在政治上经济上犯了错误，不要笼统说是反革命，有些不是政策不对，而是工作的方法不对，这是主要的。其次，有坏分子、反革命分子存在，因此就要闹事。群众要闹事是难免的。但是，只要我们不犯路线错误，是不会出现全国性的大乱子的。假使几百万人起来闹大乱子，占领了很多县城，甚至打到北京来，这时就要看我们的军队如何。我看这也不会亡国，相反的，国家会更加巩固。应当有这样一种设想，即历史走回头路是可能的，这就是曲折。辛亥革命以后不就是走了一段回头路么。我们是不是最后巩固了？我看有两种可能：一种是还没有巩固，一种是要经过闹事才能巩固。

对于闹事的态度：对于闹得对的部分，要予以承认；不对的部分要给以批评，不要和匈牙利的纳吉一样。除对个别触犯刑律的犯罪分子外，不要捕人。对学生闹事不要挫伤他们，要让他们闹够，闹够了才能使他们得到锻炼。对个别坏分子不要忙于开除。要弄清是非，要在政治上剥夺他们的政治资本。有的地方采取放假的办法是不对的。这是消极的办法。

对少数人闹事不要轻易捉人，绝对不要随便开枪。尽可能避免使用武力，

对大规模暴乱则例外。

对闹事要分别情况，有些要主动，有些则要让它暴露，采取后发制人。

按照辩证法，坏事有两重性，它埋藏有一个好的因素。坏人坏事一方面是坏的，一方面又有很大的好作用。有些同志八大不选王明就是不懂得这一点。

现在各地对出了事就认为不好，这是缺乏辩证法的分析。看不到坏事中有好的因素。相反的，好事中也有不好的因素，譬如，七年来的胜利是好事，但因此有些人有骄傲情绪，这就是不好的因素。因此对发生群众闹事就感到突然，束手无策。

建设时期，人民内部仍然隐藏着敌我矛盾。如何分清两类不同性质的矛盾，我们的经验不足，值得好好研究。对现实存在的反革命分子，一定要肃反。我们的革命法制是上层建筑，它是保护生产力和经济基础的。有些已经清理了的又闹事，证明肃而不清，只好在事变中继续肃反。不过也要看到，敢于闹事的人中，可能有英雄豪杰，改造过来是很有用的人才。如唐太宗时徐懋公闹事，后来当了宰相。你们看，闹事的人中可能出宰相。

五、要以实例来说明辩证法的概念

1958 年“大跃进”初期，在成都召开的中央工作会议上，毛主席批评有些同志头脑发热，为了抢先，急于求成，把指标抬得那么高，只知道要群众苦战，不顾有无条件办得到，更不应该登报嘛。一登报就吹起了一股风，至少有 11 级，把人吹得昏头昏脑。有的人口号叫得震天响，但一查，根本没有措施，只剩下一套假话、空话、大话。为什么会这样呢？因为，他们的脑子里，没有辩证法，而只有形而上学。现在我们要在党内压缩过热的空气。首先，我们的高级干部要有辩证的思维方法。要注意调节生产节奏，不论工业、农业和其他各项工作都要在多快好省、鼓足干劲、力争上游的总路线的基础上，波浪式地前进。就是说，不应直线式地前进，也不应大起大落。这就要辩证地看待：缓与急、劳与逸、苦战与休整这样几对矛盾着的对立面。这几对矛盾都是相互对立的，但又都有同一性。因为有同一性，所以在一定条件下能够相互转化。缓转化为急，急又转化为缓；劳转化为逸，逸又转化为劳；苦战转化为休整，休整又转化为苦战。只有缓而没有急，就无所谓缓；只有劳而没有逸，就不能劳；两个战役之间必须有一次休整、补充、练兵，才有利于再战。这些都是规律。人们只有自觉地运用这些规律，才能够使各项工作有节奏地波浪式地前进。在1959年第二次郑州会议上，毛主席又说，1958年成都会议仅仅提出要波浪式地前进还不够，没有具体规定劳动中的休息时间是不对的。

其实，对立面的相互转化，在我们日常生活中就很多。譬如：睡眠转化为起床，久卧者思起，起床又转化为睡眠。只要一开会就包含有散会的因素，没有不散的会。正如《红楼梦》里怡红院的丫鬟小红所说，“千里搭长篷，没有不散的筵席”。一散会就又酝酿着开会的因素。为什么要开会？开会就是因为观点、语言有不统一。三个月不开会就又不统一了，因此，又要开会。团结转化为斗争。不可能天天团结。没有不团结，为什么要讲团结。即使讲团结时也有不团结。事物总是向着它的反面走。不团结是无条件的。一潭死水式的团结，否认团结与不团结的对立统一，因此我们从来不赞成这样的一种团结。团结是有条件的，所以要经常注意做好团结的工作。这就是要经过批评和自我批评，甚至必要的思想斗争，在新的基础上达到新的团结。生产转化为消费，消费又转化为生产。劳动者吃饱了饭就想工作。生产时就包含有消费。破坏和建设也是对立的统一。生产也是一种破坏。种子种下去就变成它的反面——绿色植物，绿色植物又结出更多的新的种子。种子再种下去，又成长出新一轮的绿色植物。死物转化为生物，生物又转化为死物。有机物的生命物质是从无机物的东西变来的。所以儿子转化为父亲，父亲转化为儿子；男转化为女，女转化为男，这些都是有道理的。压迫者转化为被压迫者，被压迫者又转化为压迫者。这后一个压迫者是对前一时期的压迫者而言的。战争转化为和平，和平转化为战争。不是战争，和平是哪里来的？战争是特殊手段的政治，军事是政治的继续，政治也是一种战争。朝鲜和谈，双方还是原来打仗的人。因为双方都有了不愿打仗的同一性，因而才由战争转化为和平。量变转化为质变，质变又转化为量变。事物总是要走向它的反面的。外国的教条主义的缺点、错误总是会走向它的反面而要改正的。我们现在很好，将来尾巴翘起来，也会走向它的反面而产生教条主义或者思想僵化起来。有限转化为无限，无限是有限组成的。共产主义社会也是有始有终的，否则，就是否认辩证法。不分阶段，只有量变而没有质变，也是否定辩证法。现在煤炭多的地方，证明古代是很热的地方。有限无限，有始有终，无限是有限构成的。无限只是时间和空间。

20世纪60年代初，陶鲁笳（右一）慰问爆破英雄董存瑞的父亲董全忠（左一）。

为什么要讲这么多？因为对立统一和互相转化的辩证法的概念，要用许多实例来说明才能使人理解得深刻。

毛主席还说了下面两段使人很受教益的话。

正确与错误也是对立的统一。错误是要犯的，不可能不犯。犯错误是形成正确路线的必要条件。没有错误就无所谓正确。正确路线是同错误的东西作斗争中形成起来的。错误难免论是正确的，错误可免论是不正确的。只有正确，没有错误，历史上没有这种事实。这是否定对立统一，也即否定辩证法，所以是形而上学。当然，我们要力争犯的错误较小些，纠正得较快些。这是应当办到也是可能办到的。

社会主义国家会不会发生资本主义复辟？可能的。凡是读过英国、法国革命史的人都知道，资本主义的英国、法国是经过几次封建复辟的。试问，社会主义国家为什么就不可能发生资本主义复辟呢？我们这个国家要好好提高警惕。要教育青年、教育后代，防止资本主义复辟。当然，即使发生复辟也没有什么了不起。按照辩证法，事物总是要走向它的反面的。人民群众总是要革命的，总是要反复辟的。

六、对立统一规律是辩证法的核心

从1957年到1959年这三年间，毛主席在中央召开的会议上谈辩证法的次数最多，而且几次谈到了辩证法的规律问题。

毛主席说，辩证法的核心是对立统一规律。其他范畴如质、量互变，否定之否定，联系、发展等等都可以用核心规律予以说明。盖所谓联系就是诸对立物间在时间和空间中相互联系。所谓发展就是诸对立物相互斗争的结果。至于质、量互变，否定之否定，现象与本质，形式与内容等等都应在核心规律的指导下予以说明。旧哲学传下来的几个规律并列的方法不妥。这在列宁基本上解决了。列宁说："可以把辩证法简要地确定为关于对立面的统一的学说，这样就会抓住辩证法的核心，可是这需要说明和发挥。"（见列宁《哲学笔记》）列宁又说："对立面的统一（一致、同一、均势）是有条件的、暂时的、易逝的、相对的。相互排斥的对立面的斗争则是绝对的，正如发展、运动是绝对的一样。"（见列宁《谈谈辩证法问题》）

毛主席为了使我们深刻理解列宁的对立统一的学说，一方面要我们弄清楚对立统一学说的反面，即形而上学。他说，所谓形而上学，就是否认事物的对立统一、对立斗争，否认矛盾着的事物在一定条件下互相转化，走向它们的反面这样一个真理。另一方面，毛主席又以许多普通的事例生动地说明和发挥对立统一规律。例如，他说，全知就等于不知。因为全知，否定了全知和不知的对立统一，也即否定辩证法。飞机飞得很快，但在一瞬间每一点上是不动的，这就是动与静的对立统一。苏联的《简明哲学辞典》原来不承认战争与和平有同一性，1952年出版的第三版改了，承认有同一性，这就对了。建国初期我同苏联的尤金大使——《哲学辞典》的编著者之一谈过这个问题。我说，战争与和平有同一性，否则，为什么在一定条件下战争就转化为和平呢。还有生与死也是一样嘛。我们中国有一句俗话，叫作"红白喜事"，结婚生孩子叫红喜事，办丧事叫白喜事。这就说明我们中国人是懂得辩证法的。也即懂得生和死是对立的统一。有生必有死。有死才能转化为生。如果没有死，也就不能转化为生。从这个意义上说，办丧事也应该是喜事。生和死都是突变，由生到死则是渐变。突变是由渐变而来的，也即量变转化为质变。我们的工作一年要抓4次，7年抓28次。中国有许多小的质变或小的突破，尔后发展到大的质变或大的突破。没有必要的量变就不能有突破，否则，就叫作“左”倾冒进。

毛主席说，计委做计划工作总是找平衡，但客观事物总是不平衡。发现不平衡达到平衡，就出现新的不平衡，事物就前进。要前进就得有突破。先进经验就是从突破平衡得来的。只要平衡而不要突破，就是右倾保守。

毛主席说，辩证法是需要有辩论的。不要怕别人对自己的意见提出不同意见来。有了不同意见就有了对立面。为了弄清是非最好主动设置对立面。过去，整风就是这样。据说美国的一个实验室干净到不能培养细菌。这说明太干净了就没有对立面了嘛。在古代，所谓辩证法就是在辩论中，以揭露对方议论中的矛盾并克服这些矛盾来求得真理的艺术。辩证法是研究本质和现象、主流和支流的矛盾。过去，一个时期我们工作中犯的错误是看到现象而没有看到本质，抓住了支流而没有抓住主流，把次要矛盾当作主要矛盾来解决。什么叫本质？本质就是事物的主要矛盾和主要矛盾方面。本质是看不见的。只有通过现象才能逐步认识本质。不是讲现象与本质的对立统一嘛，有时连现象也看不见，只有亲身参加实践，进行调查研究才能发现真实的现象，然后才能通过它逐步认识事物的本质。

毛主席说，有些同志讲辩证法多，讲唯物论少，甚至忽视唯物论。没有问一问，你的讲话、文章所表达的认识是从哪里来的？是从脑子里空想来的，还是从客观实际来的。当然，应当从客观实际来。这就要讲唯物论。要知道，主观反映客观不是那么容易的，要有大量的客观事实，在实践中反复过无数次，才能形成一个观点。而且开始一个观点冒头的时候是不巩固的，因为还没有大量的事实足以证明。所以毛主席强调说，要尊重唯物论、尊重辩证法。而且首先要尊重唯物论。马克思主义的辩证法是唯物辩证法，而不是黑格尔的头足倒置的唯心辩证法。

这里，要补充一个重要情节。1965 年毛主席在一次小型会议上说，辩证法的规律，过去讲三大规律（指恩格斯所讲的“对立面的统一和斗争，量变到质变，否定的否定”三大规律），一直讲到现在，我的意见是，辩证法只有一个规律，就是矛盾的规律，也就是列宁说的对立统一规律。量变和质变，肯定和否定，现象和本质，内容和形式，偶然和必然，必然和自由，可能和现实等都是对立的统一，哪里有并列的三个基本规律。

七、为什么反对派总是要攻击唯物辩证法

今年——1964年5月10日《真理报》评论，骂我们的“一分为二”是分裂哲学。毛主席说，不错，我们讲事物总是一分为二的。其实，列宁在《谈谈辩证法问题》一文中一开头就说，“统一物的分解为两个部分以及对其矛盾的各个部分的认识是辩证法的实质”。这不就是我们所说的“一分为二”嘛。我们所说的“一分为二”的含义是：（1）矛盾的普遍性、客观性，在一定条件下矛盾的相互转化。（2）矛盾的统一是相对的，矛盾的斗争是绝对的。

为什么《真理报》评论要攻击一分为二的辩证法呢？因为，在苏联30年代初哲学界受到批判的德波林学派的唯心论死灰复燃了。《真理报》的评论就是证明。德波林否认矛盾的普遍性，否认差异就是矛盾，认为矛盾不是一开始就在过程中出现，鼓吹用对立面的“互相调和”来解决矛盾，反对对立面的斗争。由此可见，《真理报》要坚持德波林的这种“矛盾调和论”的哲学观点，就必然要和一分为二的辩证法作对了。这里，特别值得我们注意的是，毛主席早在1937年著作的《矛盾论》中就指出过，德波林的唯心论在中国共产党内发生了极坏的影响，我们党内的教条主义思想不能说和这个学派的作风没有关系。

从1846年到1895年恩格斯逝世的50年间，马克思主义的反对派从来总是要攻击对立统一的学说的。主要的是蒲鲁东、巴枯宁、拉萨尔。在1846年马克思第一次批判蒲鲁东是矛盾调和论者。后来马克思在《贫困的哲学》里又加以批判。矛盾调和论也是阶级调和论。

巴枯宁是以“左”的形式出现的矛盾调和论者。马克思批判他在理论上一无所知，而在搞阴谋上却是一个专家。

对于拉萨尔，马克思、恩格斯的《哥达纲领批判》就是批判拉萨尔的。批判他用似是而非的手法散播阶级调和论。

《资本论》第二版的跋言内有一段论述，为什么反对派总是要攻击马克思主义的哲学——辩证法？我认为很值得一阅，现抄录如下：

“辩证法在它的合理形式上引起了资产阶级和他们的夸夸其谈的代言人的烦恼和恐怖，因为它在现存事物的肯定的理解中，同时包含有它的否定的理解，它的必然灭亡的理解；它对每一个已经生成的形态，都是在运动的流中，

从它的暂时经过的方面去理解；它不会屈服在任何事物面前，就它的本质来说，它就是批判的、革命的。”

八、分析和综合的结合

分析和综合的结合是列宁在《哲学笔记》中讲的辩证法16个要素之一。毛主席在1965年那次谈辩证法的规律的小型会议上，也谈到了分析和综合的结合。他说，有人讲分析和综合是不可分的，这种说法是对的，但是有缺点，应当说，分析和综合既是不可分的，又是可分的。事物都是可分的，都是一分为二的。分析也有不同的情形。比如对国民党和共产党的分析。我们过去是怎样分析国民党的？国民党统治的土地大，人口多，有大城市，有帝国主义的支持，他们的军队多，武器强；但是，最根本的，他们脱离群众，脱离农民，脱离工人，脱离士兵，他们内部也有矛盾。我们是军队少，武器差，小米加步枪，土地少，人口少，没有大城市，没有外援；但是，我们联系群众，代表群众的根本要求，有三大民主①，三八作风②，这是最根本的。

国民党的军官，陆军大学毕业的，都不能打仗。我们的元帅、将军，没有几个是军官大学毕业的。我本来也没有读过军事书，读过《左传》《资治通鉴》，还有《三国演义》这些书上都讲过打仗，可是打起仗来，一点印象也没有了。我们打仗，一本书也不带，只是分析敌我斗争形势，分析具体情况。什么叫综合？综合就是吃掉敌人。我们是怎样综合国民党军队的？还不是把敌人的东西拿过来加以改造。俘虏的士兵不杀。一部分放走，一部分补充我们的军队。其中还有医生也要留下来。武器、粮秣、各种器材统统拿来。不要的，用哲学的名词叫做扬弃。吃饭也是分析、综合，肠吸收营养，把糟粕排泄出去。对国民党军队的综合，这也是从马克思那里学来的。马克思综合了黑格尔、费尔巴哈的哲学。马克思把黑格尔哲学的外壳去掉，吸取它的有价值的内核，把它改造成为唯物辩证法。对费尔巴哈汲取他的唯物论，批判他的形而上学。继承还是要继承的，但是要批判地继承。马克思对法国的空想社会主义，英国的

---

① 三大民主，指人民解放军的政治民主、经济民主、军事民主。

② 三八作风是：坚定正确的政治方向，艰苦朴素的工作作风，灵活机动的战略战术；团结、紧张、严肃、活泼。

古典政治经济学，也是好的汲取，坏的抛弃。这些就是马克思主义的三个组成部分和三个来源的形成过程。

九、辩证法应该在中国得到发展

在 1958 年 5 月八大二次会议上，毛主席响亮地发出了辩证法应该在中国得到发展的召唤。他在同年 12 月武昌会议上又说，1958 年在我们的工作中，对立统一的学说有了很大的发展。例如：在重工业优先发展的条件下，工业农业同时并举，轻重工业同时并举，中央和地方同时并举，这些都是两条腿走路，是对立的统一。还有统一领导，分级管理，我们讲统一是对不统一而言的。统一和不统一是对立的统一。什么都要统一就不能统一。要有所统一，就要有不统一之处；大的统一，小的就可以不统一嘛。我们的集体经济，不知道什么人提出“大集体，小自由”，这个提法很好，体现了集体和自由的对立统一。至于一分为二，两点论，两分法，物质变精神、精神变物质等辩证法的思想方法和工作方法，已为广大干部和群众所熟悉和应用，因而使我们的工作和精神状态显得比较生动活泼。当然，我们不能因此而骄傲自满，我们应当有远大的理想，就是要使我们中华民族成为世界上具有最高的科学文化水平、最高的哲学思想水平的先进民族之一。为此就要一代接一代地做坚持不懈的努力，首先我们这一代就要做出个好样子。

1963 年毛主席在杭州会议上说，讲哲学，1957 年我在莫斯科讲了一通。讲哲学，要在我们党内形成风气。首先，中央、中央局、省这三级每次开会时，第一把手都要讲一讲哲学、讲一讲辩证法，要结合当前工作讲，要用劳动人民的语言讲，每次不要超过一小时，最好是半小时以内，讲长了就没人听了。

现在我们的大学生学哲学五年，读了很多哲学书，当然有一定的书本知识是必要的，但仅仅靠书本知识，而脱离实践，脱离群众，就能出哲学家？我不信。我国历史上的哲学家如柳宗元，他是文学家，也是唯物论者。他的哲学观点是在现实生活中同不同观点进行辩论和斗争中逐步形成的。他在任永州司马的十年间，接触贫苦人民并为他们办了许多好事。正是在此期间，他写了《山水游记》等许多文学作品，同时又写了《天说》《天对》等哲学著作，这是针对韩愈的唯心观点而写的。我们的大学文科要改造，要学生下去搞工业、农业、商业。至于工科、理科，情况不同。他们有实习工厂，有实验室，在实习工厂做工，在实验室做实验。文科学生下农村、下工厂、下商店工作时，教员也跟着下去，一面工作，一面教。哲学、文学、历史不可以到下面去教吗？一定要在大洋楼里教吗？大学五年可不可以考虑，下去三年，然后读书两年。

雷锋的日记我看了。他是懂得一点哲学的。他的日记中，有许多很好的辩证法的观点和语言。比那些死读哲学书的大学生的论文强多了。他的哲学思想是从哪里来的？还不是从为人民服务的丰富多彩的具体实践中来的。他为群众办了那么多好事嘛！这一点是那些死读哲学书的大学生所无法比拟的。毛主席还说，他看过《哲学研究》1965年第六期上登载的工农兵哲学论文，如广东一位木工黄华亭的文章，这篇文章是讲他发明夯墙机的体会的；还有山西的一位细纱挡车工解悦写的“要骑在客观规律的马上”，是讲她创造新接头法的认识过程的。这两篇文章都很好嘛。所以，你们不要把哲学看得那么难，看得那么神秘。哲学要走出课堂到工农兵广大的天地中去。哲学是可以学到的。实际上三岁小孩就知道妈妈是人不是狗，这就是一个判断。这个判断说明妈妈同人是有同一性的，是个别和一般的统一，因而是符合辩证法的。所以，列宁在《谈谈辩证法问题》一文中说：“辩证法根本就是人类的全部认识所固有的。”总之，要普及和发展辩证法就要破除迷信，解放思想。但是不要“人有多大胆，地有多大产”。

毛主席说，唯物论、唯心论、辩证法、形而上学、世界观都是讲的认识论。从物质到认识，再从认识到物质，总是如此反复。物质变精神，精神变物质，也总是如此反复。几百年之后，阶级消灭了，马克思主义不要了。那时要什么？要别的东西。但是马克思主义的基本东西，还是会保留的。如哲学将来会变，但是唯心与唯物，形而上学与辩证法还会保留的。因为这些自古有之，这是指有文字记载的古代。我看一万年以后，还会有一个依靠谁的问题。因为那时阶级差别没有了，但是总还有先进、中间、落后之分，总还有唯物论与唯心论之分，不然辩证法就不灵了。总而言之，任何时候都要尊重唯物论，尊重辩证法。

毛主席畅谈“四面八方”

1949年4月，和平解放已经两个多月的北平，春寒料峭，人民群众仍然沉浸在欢庆胜利的巨大喜悦之中，处处洋溢着热气腾腾、欣欣向荣的青春活力。此时此地，我作为太行区党委书记正同前任书记冷楚同志、宣传部长周壁同志参加中共中央华北局召开的会议，听取传达和学习党的七届二中全会文件。冷、周二同志早在元月即已受命带领大批干部随军到新区福建工作，眼下正待机南下。

从4月6日至14日的八天会议生活，是在极为热烈、兴奋、舒畅的气氛中度过的。这是与会同志的共同感觉。而使我们三人感到格外兴奋的事是会议进行中的一天华北局第一书记薄一波同志向我们透露了毛主席同意接见我们三人的消息，并告诉了接见的日期。这是我们三人向一波同志表达过的共同夙愿。如此特大的喜讯，怎能不使我们欣喜若狂呢!

这个至今镂刻心中终生难忘的日子到来了。4月15日，即华北局会议结束后的次日，我们三人带着一波同志的介绍信，驱车前往毛主席当时的住地——北平香山的双清别墅。那天，晴空万里，万物复苏。我们满怀激情，向着香山那峻拔巍峨的山峰奔驰。车到双清别墅，工作人员热情地接待我们在客厅里稍候。客厅里流水潺潺的假山，绚丽多彩的盆景，幽静清新的氛围，使人油然感到春的温暖。

不一会儿，毛主席和朱总司令面带笑容走进了客厅。我们三人站起来迎上前去同主席、总司令亲切握手。这时我心里想，总司令是熟人，早在1937年底到1938年开始创建太行山根据地时，我曾有幸几次和总司令见过面，听过他的讲话。前几天，即4月13日，在华北局会议上还听过他的讲话。这次和毛主席见面握手却是第一次。在握手的瞬间，毛主席他那高大魁伟的身躯、雄姿英发的面容和睿智潇洒的神态，即深深地刻印在我的心灵里了。

回忆在逝去的十多年战斗岁月里，我们只能在文件、文章中领略毛主席运筹帷幄、决胜千里的雄才大略，而眼前正当国共两党在北平进行和平谈判、人民解放军准备一旦谈判破裂渡江作战的重要时刻，我们能如愿以偿面见毛主席，亲自聆听伟大领袖的教导，领略一代伟人的风采，这实在是莫大的幸运，不由得心潮澎湃，热泪盈眶。

谈话一开头，毛主席一一询问了我们的姓名、籍贯、年龄、学历、职务等。后来我才知道，这是毛主席同干部、工人、农民、知识分子初次接触时特有的谈话方式。这种拉家常式的谈话，可以使人感到宽松亲切。紧接着毛主席询问了太行区农民生产、生活的情况，朱总司令还询问了手工业恢复发展的情况。我们分别作了简要汇报。本来我们期望毛主席能给我们讲讲当前的政治、军事形势，但出乎我们的期望，他没有讲这方面的问题，却兴致勃勃地畅谈“四面八方”的经济政策。

毛主席的这次重要谈话，我于1949年5月3日在太行区党委会议上作了口头传达。现在根据查找到的会议记录稿摘录如下：

我们的经济政策可以概括为一句话，叫做“四面八方”。什么叫“四面八方”？“四面”即公私、劳资、城乡、内外。其中每一面都包括两方，所以合起来就是“四面八方”。这里所说的内外，不仅包括中国与外国，在目前，解放区与上海也应包括在内。我们的经济政策就是要处理好“四面八方”的关系，实行公私兼顾、劳资两利、城乡互助、内外交流的政策。

关于劳资两利，许多同志只注意到其中的一方，而不注意另一方。你们看二中全会决议中讲到我们同自由资产阶级之间有限制和反限制的斗争。目前的侧重点，不在于限制而在于联合自由资产阶级。那种怕和资本家来往的思想是不对的。如果劳资双方不是两利而是一利，那就是不利。为什么呢？只有劳利而资不利，工厂就要关门；如果只有资利而劳不利，就不能发展生产。公私兼顾也是如此，只能兼顾，不能偏顾，偏顾的结果就是不顾，不顾的结果就要垮台。四个方面的关系中，公私关系、劳资关系是最基本的。二中全会决议中提出要利用城乡资本主义的积极性，不这样就不行。新富农是农村的资产阶级，要发挥他们的积极性，现在他们要求发展生产，是适合我们需要的。

“四面八方”缺一面，缺一方，就是路线错误、原则的错误。世界上除了“四面八方”之外再没有什么“五面十方”。照顾到“四面八方”，这就叫全面领导。在工厂开展生产运动，不单要召集工人开会，把工人群众发动起来；也要召集资本家开会，和他们说通，把他们也发动起来。合作社也要公私兼顾，只顾公的方面，不顾私的方面，就要垮台。

实行“四面八方”的经济政策，要注意到，我们现在是工人阶级、农民阶级、小资产阶级和自由资产阶级的联盟。这四个阶级联合起来反对封建主义、帝国主义、官僚资本主义。国民党就是帝国主义、封建主义、官僚资本主义三者的集中代表。全国胜利以后，还要集中力量对付帝国主义。

当然，在实行“四面八方”的经济政策时，对投机商业不加限制是不对的。应当在政策上加以限制，但限制不是打击，而是要慢慢引导他们走上正当的途径。我们要团结资本家，许多同志都不敢讲这个话。要了解，现在没有资本家是不行的。

上面所引的毛主席的五段话，篇幅不足千字，却是当时在经济政策问题上，统一全党的思想认识、迅速恢复和发展生产、巩固新生的人民政权的锐利思想武器。我们三人在乘车离开双清别墅返程的路上，议论风生，大家都感到听了毛主席的谈话思想上茅塞顿开。虽然我们刚刚学习了毛主席在七届二中全会上的报告，但思想上片面地记住了在全国胜利后，要警惕资产阶级糖衣炮弹的袭击，因而有一种怕犯右倾错误的精神状态，实质上这就为"左"倾错误开了方便之门。二中全会结束后一个多月的时间内，毛主席以非凡敏锐而深邃的洞察力，就发现在长江以北新解放城市的经济工作中，有盲目性、片面性的思想认识和"左"的错误倾向。所以，他以"四面八方"为题，尖锐地针对这种实际情况，贯穿着要警惕右，但主要是反"左"的精神，全面地辩证地揭示了"四面八方"的内涵及其相互关系，从而对全国胜利后在国民经济恢复时期的新民主主义经济政策，作出了"公私兼顾、劳资两利、城乡互助、内外交流"四句话的科学概括和深入浅出的生动表述。这是二中全会制定的基本路线和基本经济政策结合实际、实事求是的具体体现，具有重要的理论意义和实践意义。

在毛主席谈话后的第九天，即 4 月 24 日，我在天津听了刘少奇同志在一次干部会议上的讲话。他说，如何遵循二中全会的路线达到恢复和发展生产的目的，只有实行毛主席说的"四面八方"的经济政策。并说毛主席讲得很好很全面。少奇同志以"四面八方"这个思想武器尖锐地批评了在对待民族资产阶级问题上出现的"左"倾错误。例如：他批评说，天津有一部分工人的要求太高，使资本家负担不起，因而或因成本太高、产品销不出去，无法维持再生产；或因提高产品价格使农民吃亏。所以工资问题是包括工人与农民的关系问题、工业品与农产品的交换问题，也即劳资两利与城乡互助的关系问题。这一点，当时我就感到对深刻理解"四面八方"的相互关系很有启发。少奇同志在讲话中还提出了实施"四面八方"政策的一系列具体办法。特别是对劳资两利提出了十项具体规定。实践证明，这些办法和规定的贯彻实施，收到了很好的效果，避免了过去土改中侵犯私营工商业者利益的错误。中央根据天津经验，为了正确处理公私、劳资关系之间的问题，曾发出了专门指示。由此，我联想到五六十年代，毛主席在中央工作会议上曾讲过，单有正确的路线还不行，还必须有相应的具体政策和实施政策的条例、暂行办法等。否则，任何正确的路线都势必落空。这是非常宝贵的经验之谈。

现在我还深深地体会到，“四面八方”的经济政策，不仅是在当时的历史条件下新民主主义经济政策的最通俗、最准确的表述；而且也是辩证法的核心对立统一规律的最生动、最准确的说明。完全可以说，毛主席“四面八方”的谈话，是一篇精辟的经济辩证法论述。它的一个特点，是既可防“左”又可防右。以劳资两利为例，如果只有资利而劳不利，那就右了；反之，如果只是劳利而资不利，那就“左”了。而既反右又反“左”，正是二中全会路线的基本精神。它的另一个特点是，易懂易记，又有极强的逻辑性、说服力，所以很快为广大干部和群众所掌握，并迅速转化为推动国民经济恢复、发展的强大物质力量。由此我联想到，五六十年代毛主席在几次中央工作会议上讲过：“辩证法应该在中国得到发展。”而且倡导中央和各省市领导同志在每次开会时都要结合实际讲一点辩证法。毛主席自己就是把马克思主义的唯物辩证法应用于中国革命和建设的具体实践并使之发展的表率和导师。

1952 年 8 月 4 日，毛主席在全国政协的一次会议上说：“过去我们想，国民经济是否三年可以恢复。经过二年半的奋斗，现在国民经济已经恢复，而且已经开始有计划地建设了。”现在回头来看，当时国民经济破烂不堪、民不聊生，何等严重！新中国成立后恢复得如此之快，确实是了不起的！毫无疑问，这个伟大成就的取得是党的七届二中全会的路线和“四面八方”经济政策的胜利。

1993 年 4 月

毛主席支持山西创办农业合作社

从1951年3月至8月，围绕山西省委在晋东南老区试办10个初级农业生产合作社（以下简称初级社），引起了一场肯定与否定的争论。开始毛主席不知道这场争论，直到8月初他从中共中央华北局的报告中了解到争论双方的意见时，才明确表示，山西省委的意见是正确的。这场争论才告结束。

在互助组基础上试办初级社，是当时任山西省委书记的赖若愚同志首倡的。当时我任省委副书记兼宣传部长，亲身经历了这场争论，现在根据档案材料、我的笔记和回忆，把争论的前前后后，如实地写出来，提供给中国合作化史研究者参考。

初级社试办前晋东南老区的基本情况

1949年9月1日山西省委、省人民政府成立之后，当时任省委副书记的赖若愚同志对即将赴晋东南任地委书记的王谦同志说，长治地区是原太行、太岳两个战略根据地的腹心地区。这个地区完成土地改革已经有了三到五年的时间。老区的群众在想些什么，有些什么问题，应该走什么样的发展道路，采取什么方针和措施，才能把老区的工作提高一步，是一个非常重要的问题。希望你经过调查研究，向省委提出建议。

1950年，山西省第一届省委领导合影。左二为陶鲁笳。

1950年春和秋冬，长治地委先后两次组织干部对农村经济、互助合作、阶级关系、党内外思想状况进行了广泛深入的调查研究。与此同时，省委、省政府也几次派出分管农业的同志到晋东南进行考察。经过调查研究，发现老区农村土改结束后，出现了许多新情况、新问题。

（一）农村中相当多的党员、干部，在土改结束后农业生产迅速恢复发展的情况下，看不到前进的方向，产生了“退坡”思想，满足于“三十亩地一头牛，老婆孩子热炕头”的生活，认为“革命到了头”。突出的事例，是晋东南襄垣县的一个农村党支部书记，公开宣布解散党支部，他在全体党员会议上说：“我们支部参加了抗日、打老蒋，现在土改分了地，日本、老蒋都打倒了，任务完成了，所以我们的支部宣布解散。”类似的个别事例，其他地区也有。当时我们认为，这些个别事例反映的政治思想倾向，充分验证了毛主席在七届二中全会上指出的“因为胜利，党内的骄傲情绪，以功臣自居的情绪，停顿起来不求进步的情绪，贪图享乐不愿再过艰苦生活的情绪，可能生长”的科学预见。我们认为，党员、干部思想消极，组织涣散，看不到继续前进的方向，是把老区工作提高一步的主要障碍。

（二）土改结束后，农村中农化了。经过三五年，农村阶级关系开始发生新的变动。1950年春在省委召开的农村工作会议上，王谦同志汇报说：今年入春以来，长治地区土地买卖现象之多，是历年来所没有的，占农户绝大多数的中农已开始出现两极分化。同年8月，省政府农业厅长武光汤同志和省委政策研究室郭忠同志写的《晋东南武乡县农村考察报告》中也说：“土地已开始变动，农村阶级关系开始有了新的变化。据六个村的调查，1949到1950两年，有139户（占总户数的11.8%）出卖土地410亩（占耕地总数的2.28%）。有些富裕农民占有的耕地超过本村人均占有耕地的一倍、二倍以至三倍。有的富裕农民买不到地就放高利贷，说什么‘人赚钱累死人，钱赚钱发大财’，其年利率高达60%，甚至180%。”到1951年春试办初级社之前，据长治地委报告，全区新富农已占到农户总数的0.8%，由中农下降为贫农的占13.7%。我们认为，农村两极分化的趋势是明显的，发展是很快的，它提出了在新形势下我们党如何领导农民的问题。

（三）具有七八年历史的老区互助组也发生了新的变化。一方面，相当多的互助组出现了涣散现象，有些常年互助组变成了临时互助组，有些临时互助组散伙了。这种涣散现象在农忙季节表现得特别突出。我们的考察证明，凡是互助组涣散严重的地方，大多是党支部迷失方向、两极分化严重的地方；造成涣散的主要原因是农民个人发家致富的自发倾向没有得到正确引导。另一方面，我们在考察中还发现，多年来涌现出的一批先进互助组，由于党的坚强领导，同供销社、信用社配合密切，长时间实行分工分业，依靠劳动积累，建立了公积金制度，有了公共财产，实行了一定范围的按劳分配，因而相当巩固。具有以上进步因素的互助组在晋东南全区有340个。在这样的地方，不存在互助组涣散现象，也不存在买卖土地、放高利贷等两极分化的现象。我们认为，从发展社会生产力的要求出发，不仅需要总结先进互助组的经验以解决互助组涣散的问题，而且先进互助组本身也由于自身的局限，因而不能满足群众进一步发展生产力的要求，所以它也面临着把互助组提高一步的问题。

初级社试办过程中的争论

1951年2月，山西省委召开党的第二次代表会议。2月23日已经担任省委书记的赖若愚同志代表省委作了报告。3月，赖若愚同志就山西党代会情况向华北局的报告中说，根据老区农村出现的新情况新问题，省委决定在老区农村继续改良生产技术、推广新式农具的同时，“必须稳健地，但是积极地提高互助组织，引导它走向更高一级的形式。只有如此，才能基本上扭转涣散的趋势。为了达到这一目的，我们决定一方面把现有的国营农场、新式农具站办好，以影响农民；一方面推广已有的好经验，并在长治各县每县试办几个合作社——采取按土地按劳力两个分配标准，征集公积金，积累公共财产。随着生产的发展，逐步提高按劳分配的比重。至于一般的互助组，仍然强调与提高技术相结合，与副业生产相结合，与供销合作社相结合”。

这一年3月下旬，长治地委召开全区互助组代表会议，围绕如何巩固提高互助组、试办不试办农业社的问题，各抒已见，畅所欲言。经过争论，达到统一认识，一致同意试办农业社，并对如何办好农业社，提出了许多创造性、建设性的宝贵意见。10多天的会议，确定了办社的原则和条件。办社的原则是：①入社必须自觉自愿，并保证社员退社自由；②采取按土地和劳力两个标准进行分配；③实行按劳分红为主，兼顾土地分红的原则；④社内实行民主集中制。办社的条件是：①政治条件是首要的，必须是党的基础好，党员觉悟高；

②互助组的基础好；③有较好的自然条件；④距领导机关较近，以便帮助。会上，有25个互助组的代表要求试办合作社，经地委研究确定，在武乡、平顺、壶关、屯留、襄垣、长治、黎城7县的窑上沟、东监章、西监章、枣烟、川底、翠谷、东坡、长畛、南天河、王家庄10个村庄试办初级社。10个社的入社农户190户，其中中农188户（多数是土改前的贫下中农），贫农2户。10个社共有790口人，其中党团员147人，男女劳力313人，共有耕地3018亩，入社耕地2212亩，占73.5%，自留地807.6亩，占26.5%。另外，还有军烈属代耕地和租入地291.4亩。著名劳动模范李顺达领导的互助组当时也积极要求试办初级社，但地委和省委考虑暂不试办为好。以上这一切说明，省委和地委对于试办初级社既是积极坚定的，又是慎之又慎的。

正在互助组代表会议进行期间，华北局政策研究室的调查组到达长治。1950年11月14日，长治地委在《人民日报》发表《组织起来的情况与问题的报告》，提出土改后农村出现两极分化趋势，有些互助组涣散解体。对此，华北局政策研究室有不同看法，经华北局同意，派来了调查组。调查组对公积金的性质，社员退社带不带走；土地分红应占多大比例；没有拖拉机，合作起来有何作用等问题，提出了不同意见。长治地委不同意调查组的意见。调查组将长治地委的做法和双方分歧，整理成文，经地委书记王谦同志阅过并加注了不同意见，报告华北局。调查组回到太原，向省委作了汇报。当时省委书记赖

1957年，陶鲁笳（右二）在山西平顺。

若愚同志明确表示省委支持地委的意见，并且认为这个分歧的实质是如何对待私有基础的问题。省委认为，退社不带走公积金，这虽然没有根本改变私有基础，但对私有基础是一个否定因素。这就是围绕试办初级社引起的一场争论的开端。

调查组回北京向华北局作了汇报。华北局决定召开五省、市、区互助合作会议，讨论山西试办初级社问题。省委接到通知后，于4月17日召开常委扩大会议，讨论通过了赖若愚同志起草的山西省委向中央、华北局所作的《把老区互助组提高一步》（见附件一）的报告。报告分析了山西老区互助合作的实际情况，提出了试办初级社的必要性和可能性。认为随着农村经济的恢复与发展，农民自发力量是发展了的，但不是向着七届二中全会指出的集体化现代化的方向发展，而是向着富农的方向发展。这就是互助组发生涣散现象的最根本的原因。当然这也不是说，目前已发展了多少富农，而是说富农方向已经是农民自发的一个趋势。这一问题，我们是很注意的。如搞不好，会有两个结果：一个是使互助组涣散解体，一个是使互助组变成富农的“庄园”。报告还认为，“在另一方面，也有不少的互助组织，产生了新的因素。老区互助组的发展，已经达到了一个转折点，使得互助组必须提高，否则就要后退”。新因素主要是指先进互助组内已经有了“公共积累”和“按劳分配”两个带有社会主义性质的因素。“它虽然没有根本改变了私有基础，但对私有基础是一个否定的因素。对于私有基础，不应该是巩固的方针，而应当是逐步地动摇它、削弱它，直至否定它。当然这是一个历史过程。”报告强调，只有采取有力措施，包括国家的扶植和优待，才能逐步增强互助组内的进步因素，才能使老区互助组织大大地前进一步。

省委决定派参加了常委扩大会议讨论的王谦（长治地委书记）、黄志刚（兴县地委书记）、武光汤（农业厅长）、王绣锦（省委政策研究室副主任）参加华北局召开的互助合作会议，并委托王谦同志将省委的报告亲交主持华北局日常工作的刘澜涛同志。会议一开始就展开了激烈的争论。华北局政策研究室有的同志说，土地改革后应当巩固私有基础，逐步动摇私有基础是错误的。没有机械化就不能实行合作化、集体化。与会的绝大多数同志批评山西省委的报告不符合新民主主义政策，不符合《共同纲领》，混淆了新民主主义革命和社会主义革命，组织农业生产合作社是空想的农业社会主义。有的同志甚至讥讽王谦同志“标新立异”。在争论中，王谦、黄志刚等同志坚持认为，逐步动摇、削弱直至否定私有基础是正确的。应当防止农村两极分化，克服农民自发势力，积极试办和发展农业生产合作社。黄志刚同志还以兴县早在解放战争期间即由农民自动创办起来并坚持至今的八个土地入股的农业生产合作社为例，说明山西省委报告的正确性。会议开了四五天，意见没有统一。最后，华北局政策研究室主任李哲人作总结，他根据少奇同志的原则指示和华北局常委讨论的意见，系统地批判了山西省委的报告。山西参加会议的四位同志明确表示保留自己的意见。会后，刘澜涛同志又找他们当面说，少奇同志不同意省委的报告，你们回去告诉省委，不要再坚持请示报告的错误观点，要读点有关的书，要向华北局表态。

5月初，王谦同志等回到太原立即向省委作了汇报。省委常委扩大会议对华北局的批评意见进行了认真的讨论和研究，认为对几个问题的不同看法有向华北局申述的必要，接着讨论通过了赖若愚同志起草的《关于互助组会议的几个问题》（见附件二）的申述报告。申述的主要问题有以下几点：①4月17日省委向中央和华北局的报告，主要研究解决的是互助组和初级社内部的问题，而华北局互助组合作会议却把它当作了一般的农村社会问题来进行批评。②我们试办的初级社，具有土地分红和劳力分红两个特征，既承认私有基础的存在，又肯定社会主义因素的存在和发展，因此它属于半社会主义性质。而从华北局调查组到华北局互助合作会议对我们的批评，都不承认我们试办的初级社是半社会主义性质的合作社。③我们以积极慎重的态度在全省试办10个初级社，带有科学实验的性质，怎么能说我们把新民主主义和社会主义两个革命混淆了起来呢？④我们在试办的10个初级社内，采取限制富农的政策，是合作社的性质所规定了的。互助合作会议抓住我们4月17日报告中“富农庄园”这个词，就认为我们要普遍限制富农。我们认为，在互助组、初级社内部限制富农，并不妨碍对组、社以外富农的保护，犹如供销社和手工业合作社不妨碍私人工商业的存在与发展是一样的。⑤华北局互助合作会议对我们4月17日报告批评最多也最尖锐的是这段话：“增强公共积累，按成员享用，这一原则在互助组见诸实施，它虽然没有根本改变了私有基础，但对私有基础是一个否定的因素。对于私有基础，不应该是巩固的方针，而应当是逐步地动摇它、削弱它，直至否定它。”这段话，是说的初级社里边，而没有说初级社外边；在初级社里边，说的也是社会主义因素逐渐加强，私有基础相对减弱，这是一个相当长的历史过程。所以，这样讲并不违背《共同纲领》，因为半社会主义性质的农业生产合作社是《共同纲领》规定的五种经济成分之一。申述报告的最后一条是“陶鲁笳同志在京，希能找他谈一谈”。

当时我正在北京参加中央和华北局分别召开的宣传工作会议，收到省委派人送给我的申述报告后，在会议间隙刘澜涛同志找我谈过一次。他给我讲了华北局5月4日对山西省委《把老区互助组织提高一步》请示报告的批复，认为山西试办的合作社“是和党的新民主主义时期的政策及共同纲领的精神不相符合的，因而是错误的”。当时我的口头申述他是听不进去的。5月6日，赖若愚同志和副书记解学恭同志以两个人的名义致电华北局，对华北局的批评又一次进行申述，表示了不同意见，认为七届二中全会已经明确半社会主义性质的合作社是新民主主义五种经济成分之一，我们试办这种初级社，不存在违背“共同纲领”的问题。5月7日，少奇同志在全国宣传工作会议上，批评山西省委想用农业合作社、互助组的办法，使我们中国的农业直接走向社会主义化是不可能的，“那是一种空想的农业社会主义，是实现不了的”。“我们中国党内有很大的一部分同志存在有农业社会主义思想，这种思想要纠正”。6月1日，我被通知参加华北局办公会议。会上，薄一波、刘澜涛同志针对山西省委的请示报告和申述意见又进行了批评。刘澜涛同志除了重复华北局的批复内容外，还说，山西的互助合作一贯是正确的，为什么突然发生现在的错误，不会是笔下之误，不是偶然的。回去以后，省委再讨论一下，交代一番。我解释说，省委4月17日的请示报告，是经过一年多的农村调查产生的，是反映了老区农村的实际情况的。省委对互助合作组织之外的农村工作、农业生产的指导思想，反映在我们已经上报的1951年春劳模会议的总结报告中。薄一波同志说，山西省劳动模范会议的内容是正确的。你们省委在互助合作问题上一向也是正确的。但研究这个问题，钻一下，钻出毛病来了。但这是属于认识问题。6月3日，我又在华北局听了少奇同志的讲话。他的讲话，对山西省委的批评更严厉、更系统，根据我的笔记，其要点是：

在农业生产上，不能发动农民搞生产合作社，只能搞互助组。……现在是三年准备10年建设，13年或15年之后，才可以考虑到社会主义问题。将来实行社会主义，不是先从农村，而是先从城市，即先工业国有化，然后才是农业集体化。

富农要求参加互助组或者互助组有了富农，虽然贫农不满他们剥削，但又离不开他们。领导上应采取不干涉态度。将来富农要以阶级姿态出现的，甚至有些村支部、村政权会被富农操纵。纵然如此，我们也不怕，因为有百分之九十的农民站在我们一边。富农一定会发展。大一些多一些有无关系？没关系。这就是“养肥猪”政策。养肥了将来更容易剥夺它。现在富农固然有剥削，但也有好处，能稳定中农，有利社会生产。现在农村阶级分化，正是将来搞社会主义的基础。将来我们依靠政权，下个命令就能剥夺它。现在对富农没有什么限制，将来富农作为一个阶级出现后，可以采取税收、价格、工会等办法加以限制。农业合作社并限制不了富农的发展，反而可能被他们操纵把持，即使这样也不可怕。

在新民主主义阶段，不可轻易地动摇、削弱和否定农民的个体所有制。不要怕农民冒富，只有80%的农户发展到“三马一车一犁”的富裕程度后，才可由他们自愿地走农业合作化的道路。取消私有只能采取革命剥夺的手段，不能采取逐渐动摇、削弱直至否定的办法，因为那样会打草惊蛇。逐步动摇、削弱直至否定，是一种改良主义的思想。将来搞社会主义，在城市20人以上的大工厂，都采取剥夺的手段，20人以下的小工厂采取逐步收买的方针。在农村搞集体农场是一片一片搞，估计先东北，后华北、华东、华南，不是全国一起搞；但又不是逐渐的，而是用一二年时间来一个革命运动就解决问题。农业集体化要等机器，不要机器不妥当。农业集体化必须以国家工业化使农业能用机器耕种和土地国有为条件。

普遍发展农业合作社是错误的，现在搞合作社，富农反对，中农动摇，贫农要求，供给制干部热心。凡办事要重多数，少数人拥护的事是不能推广的。现在试办农业社，只能起到培养干部、积累经验、教育农民的作用，不能有别的作用。企图由此直接转变到集体农场是错误的，它本身没有前途，将来实行集体农场，它是要被取消的。

最后，少奇同志对着我说，你们试办几个是可以的，但不能推广。你们不要注意那些空道理，要注意那些如何管理的具体办法。

6月29日，薄一波同志在《人民日报》上发表的《加强党在农村中的政治工作——纪念中国共产党三十周年》一文，也根据少奇同志的谈话精神，不指名地批评了山西省委。

7月3日，刘少奇同志批转山西省委报告，批语全文如下：“在土地改革以后的农村中，在经济发展中，农民的自发势力和阶级分化已开始表现出来了。党内已经有一些同志对这种自发势力和阶级分化表示害怕，并且企图去加以阻止和避免。他们幻想用劳动互助组和供销合作社的办法去达到阻止或避免此种趋势的目的。已有人提出了这样的意见：应该逐步地动摇、削弱直至否定私有基础，把农业生产互助组织提高到农业生产合作社，以此作为新因素，去‘战胜农民的自发因素’。这是一种错误的、危险的、空想的农业社会主义思想。山西省委的这个文件，就是表现这种思想的一个例子，特印发给各负责同志一阅。”

7月25日，华北局向中央作了《关于华北农村互助合作会议的报告》，明确表示不同意山西省委的意见。并在华北局《建设》杂志上刊登了这个报告。

随后，毛主席找刘少奇同志、薄一波同志和刘澜涛同志谈话，明确表示不支持他们的意见，而支持山西省委的意见。一波同志把毛主席的态度告诉了正在北京治病的赖若愚同志，他打电话对我说，毛主席肯定山西省委的意见是正确的，不要再检讨了，赶快准备材料，参加毛主席决定9月召开的全国互助合作会议。从此，这场争论宣告结束。

省委在读书学习中的思考

前面提到华北局要我们读几本书，讨论一下，交代一番，意思是要我们从理论上理解少奇同志一系列讲话和批语对山西省委批评的正确性。我们学习了马克思《资本论》的有关章节，《哥达纲领批判》，恩格斯的《德法农民问题》，列宁的《论粮食税》《论合作制》，毛主席的《新民主主义论》《组织起来》《在七届二中全会上的报告》和《共同纲领》。我们是一向尊敬少奇同志的，是抱着发现和检讨自己的问题的态度去学习马列主义经典著作的。但是在学习理论之后，我们感到少奇同志对我们的批评在主导思想方面，有许多问题是难以理解的。

在新中国成立、土地改革结束之后，要不要引导农民走合作社的道路，由新民主主义逐步过渡到社会主义，这是一个重大的理论问题和方针问题。毛主席在《新民主主义论》中讲到新民主主义经济时说：“在这个阶段上，一般地还不是建立社会主义的农业，但在‘耕者有其田’的基础上所发展起来的各种合作经济，也具有社会主义的因素。”在七届二中全会上，毛主席更为明确地指出“合作经济是半社会主义性质的”，是新民主主义的五种经济成分之一。1949年春天，一波同志向我们传达七届二中全会精神，传达了毛主席在会上讲的这样一段话：“如果只有国营经济而没有合作社经济，就不能解决谁战胜谁的问题。我们给农民分配土地，只是无产阶级对农民群众实现了一半领导权，还没有实现全部领导权。只有组织合作社，把农民引导走向集体化，才是实现了全部领导权。如果我们让资本主义领导了农民，那么就连这一半领导权也要失掉的。”我们学习了毛主席关于合作社的一系列论述，觉得少奇同志批评我们试办农业生产合作社“是一种错误的、危险的、空想的农业社会主义思想”，是难以理解的，在理论上也是难以接受的。

社会主义革命的目的是消灭私有制，采取什么方针、政策在广大农村实现这一目的，也是一个重大的理论问题和方针问题。毛主席早就在《组织起来》一文中说：“在农民群众方面，几千年来都是个体经济，一家一户就是一个生产单位，这种分散的个体生产，就是封建统治的经济基础，而使农民自己陷于永远的穷苦。克服这种状况的唯一办法，就是逐渐地集体化；而达到集体化的唯一道路，依据列宁所说，就是经过合作社。”“这是人民群众得到解放的必由之路，是由穷苦变富裕的必由之路，也是抗战胜利的必由之路。”

我们理解，土改结束后，对于农村私有基础采取保护的政策，但不能采取确保不变、任其自流两极分化的方针。对于农村私有基础中的个体农民所有制，党采取积极而又慎重的步骤，由具有社会主义萌芽的互助组，到半社会主义性质的合作社，再到社会主义性质的合作社，变农民个体所有制到集体所有制，这是我国特殊国情下农民可以接受的唯一道路。至于对富农，七届二中全会允许其存在和发展，但是，随着合作社由点到面、由低到高的发展，经济实力的不断增强，在社会主义和资本主义的竞争中，富农资本主义经济赖以生存的条件，将逐渐削弱，直至消失。因而消灭富农经济用不着采取剥夺的革命手段。但是，本文前面所引少奇同志对于富农和个体农民的一系列观点，尤其是采取剥夺的革命手段对待农村私有制，批评我们逐步动摇削弱直至否定私有制，在目前是“左”的，带破坏性的，在将来是右的，改良主义的。对此，我们是难以理解的。

在国家没有实现工业化，不能供应农村大量拖拉机的情况下，允许不允许农民组织起来，走合作化的道路，发展农业生产力，这也是一个重大的理论问题和方针问题。酝酿试办初级社期间，我们省委就围绕这个问题展开过一场争论。一种意见认为，提倡互助组使用解放式马拉新农具，是农业技术上的一种革新，它不仅有助于巩固互助组，提高农业生产力，而且也能推动城市机械工业的发展。另一种意见认为，农业现代化集体化，只有等到有了拖拉机才行。现在的解放式新农具，并不能根本改变木犁加牛马的落后状况，只是作了一点改良而已。针对后一种意见，赖若愚同志当场翻阅了《资本论》第十三章，马克思在讲机器与大工业时指出："一切已经发展的机器，都由三个本质上不同的部分——发动机、传动机构和工具机或工作机——构成。""工具机，机器的这个部分，才是十八世纪产业革命的出发点。"现在我们采用的新式的马拉大农具就是马克思所指的工具机或工作机，也即播种机、中耕机、收割机、犁土机等。这显然和木犁加牛马有本质的区别，是技术上的一大进步，也是和目前我国的工业水平以及组织起来产生的新生产力水平相适应的。为了把老区互助组提高一步，我们省委决定试办马拉农具站，并采取扶植和奖励的政策，鼓励互助组和合作社使用马拉农具。这是到将来使用拖拉机的一种过渡。对此，我们试办初级社时，思想是明确的。但是，少奇同志多次讲在没有国家工业化，没有拖拉机之前，是不能发展农业生产合作社的；只有等到百分之八十的农民有了三马一车一犁，才能在他们自愿的基础上实行集体化，建立苏联式的集体农场。这也是我们所不能理解的。

为了从理论上进一步把问题搞清楚，我们反复研究了恩格斯在 1894 年撰写的《德法农民问题》，认为这一著作阐述论证了马克思主义政党对待农民问题的理论、方针、政策。

恩格斯在这一著作中列举了丹麦社会党人宣传组织农民互助合作的例证后说："在把各小块土地结合起来并且在全部结合起来的土地上进行大规模经营的条件下，一部分过去使用的劳动力就会变为多余的；劳动的这种节省也就是大规模经营的主要优点之一。要给这些劳动力找到工作，可以用两种方法：或是从邻近的大田庄中另拨出一些田地给农民合作社支配，或是给这些农民以资金和可能性去从事副业，尽可能并且主要是为了他们自己的消费。在这两种情况下，他们的经济地位都会有所改善，并且这同时会保证总的社会领导机构有必要的威信逐渐把农民合作社转变为更高级的形式，使整个合作社及其各别社员的权利和义务跟整个社会其他部分的权利和义务处于平等的地位。”（《马克思恩格斯选集》第四卷，第310页）。恩格斯又说：“我们无须等到资本主义生产发展的后果到处都以极端形式表现出来的时候，等到最后一个小手工业者和最后一个小农都变成资本主义大生产的牺牲品的时候，才来实现这个变革。”（《马克思恩格斯选集》第四卷，第312页）

恩格斯批评法国社会党人说：“你们企图在小农的所有权方面保护小农，这不是保护他的自由，而仅仅是保护他被奴役的特殊形式而已，这是延长他的求生不成求死不得的状况。”但是恩格斯说：“工人阶级掌握政权后，决不能像对待大土地占有者那样剥夺小农。我们对小农的任务，首先是把他们的私人生产和私人占有变为合作社的生产和占有，但不是采用暴力，而是通过示范和为此提供社会帮助。”恩格斯还科学地预见了工人政党取得国家政权后如何对待农民合作社的问题。他说：“可能我们那时将有能力给这些合作社提供更多的便利：由国家银行接受它们的一切抵押债务并将利率大大降低；从社会资金中抽拨贷款来建立大规模生产（贷款不一定或者不只限于金钱，而且可以是必需的产品：机器、人工肥料等等）及其他各种便利。”（《马克思恩格斯选集》第四卷，第311页）

读了恩格斯的这一著作，我们深感，毛主席在农民问题上根据中国的国情创造性地继承和发展了马克思主义。

我们读书学习的主要心得，反映在赖若愚同志发表在1952年4月26日《人民日报》题为《毛主席的〈矛盾论〉是解决实际问题的钥匙》一文中。他的文章用对立统一的观点，分析了互助组在战争时期，和由战争转入和平时期以及由互助组提高到合作社矛盾变化的客观规律，得出了如下结论：“加强工人阶级的领导，按照农民自愿和互利的原则，逐步地（而不是粗暴地）把互助组加以提高，使合作的因素成为矛盾的主要方面，并充分地显示它的优越性，来吸引农民群众倾向于它。所以农业生产合作社应该是个渐进的形式，也就是走向农业集体化、近代化的一个过渡形式。”

初级社建设实践作出的回答

我们从调查研究中提出的试办初级社的方针，设想的试办方案和具体政策，是否符合实际，是否属于“空想”，这一切都要由实践来检验，由实践作出回答。

初级社是否仅仅具有“展览教育”的作用呢？不是的。初级社试办的头一年，就显示了它在发展农业生产力方面的巨大威力，远远超过了我们的预想。在农业生产方面，10个社普遍增产，当年粮食平均亩产超过上年21.5%，超过当地好的互助组9%，超过好的个体户28%；经济作物的种植面积普遍扩大，普遍增产，交售给国家的棉花、油料、烟叶等工业原料超过上年一倍多，有助于国家工业化。在工副业生产方面，10个社的总收入4156万元（旧币，下同），每社平均410万元。在社员分配和公共积累方面，社员户收入同1950年相比，折成粮食计算，多收一石[①]以下的占3.1%，多收一石至五石的占38.4%，多收五石至10石的占26.3%，多收10石至20石的占23.1%，与上年持平的占6.7%，比上年减收的占2.7%；社员人均收入折款38.018万元，互助组人均32.043万元，个体户人均30.5万元。在社员生活提高的同时，集体经济壮大了，10个社已有公共山林600多亩，公有土地31.6亩，农具177件（内有新式农具和机械57件），牲口17头半，羊449只，公积金折粮315.85石，其他生产资料折粮256.92石。办社头一年的巨大成就，使社员们欢欣鼓舞，互助组和个体户纷纷要求入社，有的中途退了社的社员重新申请入了社。社员们说：“土改人翻身，入社地翻身。”黎城县王家庄合作社社员岳礼存、刘保贵说：“农业社一年闹下这么多家业，真是兴旺发达，这是单干户一辈子也办不到的。用铁棒打我也不出社啦！”

为什么初级社取得如此瞩目的成就呢？

第一，它解决了依靠什么人办社的问题和互助组不能解决的扩大再生产问题。10个社入社农户190户，其中60%以上都是翻身农民，790口人中有党团员147人。这就说明，办农业生产合作社，不是如批评意见认为的是少数贫农的要求，而是占农村人口多数的翻身农民的要求。初级社变互助组的“吃甚种甚”为“因地种植”；实行了互助组办不到的人尽其才，地尽其用；对生产的投入、新农具新技术的应用远远超过了互助组；特别是在挖掘劳动力资源，吸引妇女参加劳动，促进分工分业发展工副业方面，更是互助组做不到的。这就说明，初级社大大优越于互助组，是初级社增产增收的一个主要原因。举一个生动的例子：东监章社员魏书堂，在纺织厂干过，有织毛

---

① 石：一石为263市斤。

巾、袜子的手艺，入社后，社里办了纺织组，让他带着几个妇女纺棉花织毛巾和袜子。后来又成立了运输组，到河北去时捎盐，回来拉棉花。不仅发挥了魏书堂的特长，而且为几十个剩余劳力找到了生产门路，发展了纺织业和运输业。

第二，没有文化的农民办合作社确有困难，但不像批评意见所说的那样没有文化就不能办。农民在办社实践中很快出现了学文化、学技术、识字扫盲的高涨热情，在上级的帮助下，各社都设立了教育基金，办了各种形式的业余学校、培训班，较快地解决了合作社需要的会计员、记工员、技术员等人才问题，不认识工票文字的生产小组长很快就认识了。这就说明，如同军队在战争中学会战争一样，农民在办社中学会了办社。正如社内外群众反映：“农业合作社不但可以多生产，还能提高文化，提高觉悟，成了教育改造农民的学校。”

第三，半社会主义性质的初级社，由于内部存在着土地私有和社会主义因素的矛盾，由于农民具有私有者和劳动者的两重性，党能否领导农民处理初级社内部复杂的经济利益关系，以克服农民的自发性，鼓励其社会主义积极性，这的确是一个艰巨复杂的问题，但决不像批评意见所认定的那样不可能用合作社的办法来克服农民的自发性。社员普遍关心、政策性极强的问题之一是土地分红与按劳分配的比例问题。开始长治地委提出，土地分红不得超过30%，劳动分红不得少于50%，公积金占10%，公益金占5%，教育基金占5%。各社在执行中，经过社员反复讨论，确定了各自的具体分配比例。武乡县的四个社，公积金、公益金、教育基金和奖励共占10%，土地分红占40%，劳动分红占50%。平顺、屯留两县的合作社，公积金占10%，土地分红占37.5%，劳动分红占52.5%。壶关、襄垣两县的合作社，公积金占16%，土地分红占32%，劳动分红占52%。长治县的合作社，公积金占20%，土地分红占30%，劳动分红占50%。这就说明，社员群众在党的领导下，都能根据自己的实际情况妥善地解决土地多、劳力少的社员和劳力多、土地少的社员之间的利益关系，从而使全体社员户在增加生产的情况下都不同程度地增加了收入。

第四，领导和群众普遍关心的再一个问题是合作社内按劳分配时能否克服平均主义的问题。这是一个长期探索的问题。但是，群众的实践比我们高明得多，他们在办社过程中，为克服平均主义，根据生产力发展的水平，创造了许多办法。郭玉恩领导的川底村农业生产合作社，每前进一步都考虑到克服平均主义以调动社员的劳动积极性。开始分组分地干活，按技术高低、体力强弱确定底分，体现分配的差距，又按劳动的好坏进行民主评议，体现分配的差距。继而实行定工、定质、定时、包工包产到组、超产奖励、减产受罚的办法。超产部分30%归公积金，70%奖给小组。小组把奖励部分的七分之六按社员劳动日分配，七分之一奖励本组公认的劳动积极分子和技术上贡献突出的人，这就进一步体现了按劳分配的原则。省委和地委肯定并推广川底农业生产合作社按劳分配的办法，要求各地积极探索如何克服平均主义以调动群众的积极性。这样做，怎么能说我们把平均主义当作社会主义呢?

第五，社员普遍关心、政策性极强的另一个问题是社员退社带不带公积金的问题。在试办过程中，省委根据华北局的意见规定出社可以带走公积金。1952年3月21日至22日，《人民日报》发表的范长江同志题为《川底村的农业生产合作社》一文中说："社员出社时应否带走公积金和公共财产的问题。在这个问题上，川底村社员的意见是有变化的，他们原来主张应该带走，现在99%的社员都主张不带走。在争论这一问题时，主张带走的理由只有一个，即认为公积金和公共财产是社员劳动创造的，'劳动'人各一份，既然出社，就应有带走的权利，否则是妨害了私有权。但是大多数社员都认为：（一）公积金和公共财产，是社员集体劳动创造的，不属于任何人，应由集体享受，不能分配；（二）出社的社员在社时已享受了他劳动的成果，生产已经改善，他那一份土地也改良了，出社时带走他自己的土地和他的私有财产，已经得到很大的利益，不能要求再分；（三）公积金和公共财产的积累，不仅由于社员的集体劳动，还有国营经济和供销合作社等的帮助，个人更不能带走；（四）公积金和公共财产是不断发展的，社员也是不断变化的，不可能分清每个社员劳动所应得的部分；（五）公积金和公共财产如果分散，必然削弱社的扩大再生产能力，削弱举办各种事业的能力，而且对于社的存在和发展是不利的。社员出社不带公积金这个被批评为违背了《共同纲领》规定的保护私有的政策，由群众丰富的实践作出了具有充分说服力的回答。"

以上这一切生动地说明，只要真正实行群众路线，充分信任群众，相信群众的智慧和创造力，办社中遇到的一切复杂的矛盾和问题，都是可以顺利地得到解决的。说到底，初级农业生产合作社是人民群众的伟大创造。它表明在我国并不需要以国家工业化和土地国有为条件，经过合作社就能够使土地的所有制逐步地由个体所有转变为集体所有，而且能够创造新的农业生产力，以适应国家的工业化的需要。这就是初级社的实践作出的总回答。

1951 年 8 月，毛主席肯定了山西省委 4 月 17 日的报告，但当时省委包括我在内并不完全清楚肯定的丰富内涵。1953 年我听了华北局传达毛主席的几次谈话，才进一步懂得了毛主席肯定省委意见的真正含义。

毛主席在找少奇同志、一波同志、澜涛同志三人谈话时，讲过这样一段话："既然西方资本主义在其发展过程中有一个工场手工业阶段，即尚未采用蒸汽动力机械，而依靠工场分工以形成新生产力的阶段，则中国的合作社，依靠统一经营形成新生产力，去动摇私有基础，也是可行的。"后来一波同志回忆当时的情况说："他讲的道理把我们说服了。"①

毛主席说，要搞半社会主义性质的合作社经济，七届二中全会已有明确的规定。可是有些同志忘记了，好像是新闻，其实早就是旧闻。二中全会决议明明写着："单有国营经济而没有合作社经济，我们就不可能领导劳动人民的个体经济逐步地走向集体化，就不可能由新民主主义社会发展到将来的社会主义社会……就要犯大错误。"可是有些同志就是忘记了这个文件。

毛主席说："'确保私有财产''四大自由'，都是有利于富农和富裕中农的。为什么法律上又要写呢？法律是说保护私有财产，无'确保'字样。现在农民卖地，这不好。法律不禁止，但我们要做工作，阻止农民卖地。办法就是合作社。"又说："确立新民主主义秩序，你不能确立，因为每日每时都在增长着社会主义因素，天天在动摇着私有财产的基础，因此我们的提法应该是逐步地过渡到社会主义。因为是'逐步'，可以反'左'；因为是'过渡'，也可反右。"还说："农业生产合作社，社内社外都有矛盾。现在的农业生产合作社还是半社会主义的，社外的个体农民是完全的私有制，这两者之间是有矛盾的。互助组和农业生产合作社不同，互助组只是集体劳动，并没有触及到私有制。现在的农业生产合作社还是建立在私有基础之上的，个人所有的土地、大牲口、大农具入了股，在社内社会主义因素和私有制也是有矛盾的，这个矛盾要逐步解决。到将来，在农业生产力进一步发展的条件下，由现在这种半公半私进到集体所有制，这个矛盾就解决了。我们所采取的步骤是稳妥的，由社会

---

① 薄一波著：《若干重大决策与事件的回顾》上卷，中共中央党校出版社 1991 年版，第 191 页。

主义萌芽的互助组，进到半社会主义的合作社，再进到完全社会主义的合作社（也叫农业生产合作社，不叫集体农庄）。一般讲，互助组还是农业生产合作社的基础。”

1983 年，陶鲁笳（左四）在江苏常州。

1955 年 7 月 26 日，毛主席作《关于农业合作化问题》的报告前四天，单独找我汇报山西合作化的情况，地点在中南海游泳池边。我去时毛主席正吃午饭，他一见我进来就说，山西人来啦，坐。他明明知道我是江苏人，为什么叫我山西人呢？我想，他可能还记着 1951 年那场争论吧。他对我说：讲讲这几年你们合作社的情况。我汇报说，山西的初级社从 1951 年到现在四年半了。初级社的发展是渐进的，是在互助组的基础上发展壮大起来的。1951 年办了 57 个，1952 年 564 个，1953 年达到 2242 个。这三年的试办，我们是谨慎的，是一步一个脚印向前推进的，县区乡干部在试办中取得了经验，涌现出大批办社的积极分子和领导骨干，基本上实现了办一个成一个的口号。这样就为 1954 年的飞跃发展创造了条件。这一年我们计划发展一万个，结果发展到 15196 个。到 1955 年 4 月，又发展到 31926 个，入社农户占农户总数的 41%，我们一次又一次地体会到榜样的力量是无穷的。

初级社的健康发展，带动了互助组的发展和巩固提高，克服了互助组涣散解体的状态（入社入组农户已占到全省农户总数的80%以上），遏制了农村富农经济的发展，晋东南地区新富农由8‰降到1‰。毛主席问，你们的初级社在面上铺开了，有没有发生减产、死牛的情况？我汇报说，1953年2242个社粮食总产比1952年增长27.6%，单产增长21.6%，比互助组单产高21.5%，比个体户高39%。1954年全省因灾减产4.8%，而初级社占60%以上的平顺、武乡等20个县粮食比上年增产3.8%。全省的大牲畜，由1951年的184万头，1954年发展到213万头，年递增率为10%，其中骡马的递增率高达15%，适应了初级社添置新式马拉农具的需要。特别是，现在晋东南老区在1276个老社中，生产水平已经达到或超过富裕中农生产水平的即占38%，这就为下一步过渡到高级社创造了有利条件……毛主席听了很高兴，他深刻地分析了苏联集体化减产死牛，农业生产长期停滞不前，直到现在还没有达到十月革命前的最高水平的教训。我向主席告辞，他一再叮嘱我要接受苏联集体化的教训，一定要增产，一定要增牛，一定要使我们的合作社比苏联的集体农庄搞得更好。

毛主席的上述几次谈话使我对这个有争议的问题有了进一步的深刻的认识。

1993年11月

附件一

把老区的互助组织提高一步

一、问题的提出

山西老区的互助组织，基础较大，历史较长。由于农村经济的恢复和发展，战争时期的劳、畜力困难，已不再是严重的问题，一部分农民已达到富裕中农的程度，加以战争转向和平，就使某些互助组织中发生了涣散的情形。我们去年曾强调地提出了“组织起来与提高技术相结合”，解决了一些问题。但这一涣散趋势，并未完全扭转。从实践证明，随着农村经济的恢复与发展，农民自发力量是发展了的，它不是向着我们所要求的现代化和集体化的方向发展，而是向着富农的方向发展。这就是互助组发生涣散现象的最根本的原因。当然这也不是说，目前已发展了多少富农，而是说富农方向已经是农民自发的一个趋势。这一问题，我们是很注意的。如搞不好，会有两个结果：一个是互助组涣散解体，一个是使互助组变成为富农的“庄园”。这是一方面的情况。在另一方面，也有不少的互助组织，产生了新的因素。老区互助组的发展，已经达到了一个转折点，使得互助组必须提高，否则就要后退。必须在互助组织内部，扶植与增强新的因素，以逐步战胜农民的自发的趋势。积极地稳健地提高农业生产互助组织，引导它走向更高级一些的形式，以彻底扭转涣散的趋势，这是十分重要的。

二、那么，我们应如何增强新的因素，战胜农民的自发因素呢？最根本的问题有二：

第一，征集公积金，增强公共积累。在这一问题上，是有分歧的，有的同志的意见：互助组织仍是私有基础，同时公积金也不可能保持互助组内等价的生产关系，所以公积金，出组可以带，按互助组成员享用公积金也不妥当。而我们的认识，却与之相反，认为：增强公共积累，按成员享用，这一原则在互助组见诸实施，它虽然没有根本改变了私有基础，但对私有基础是一个否定的因素。对于私有基础，不应该是巩固的方针，而应当是逐步地动摇它、削弱它，直至否定它。所以公积金应当是出组不带。

因而在公积金问题上，重要的归纳为以下三点：（一）按土地应产量征集。

（二）为全组成员所有。（不以征集时土地产量多少为准）每个成员在公积金的处理上，都有自己的平等权利，一人一票。（三）出组不带。

至于公积金征集多少？我们认为这不是原则问题，可根据生产发展的情况和组员的意见确定。

第二，农业生产合作社的分配问题。应采取按劳力、按土地两个分配标准，按土地分配的比例不能大于按劳力分配的比例，并要随着生产的发展，逐步地加大按劳分配的比重。

总之，我们认为，把“公共积累”和“按劳分配”这两个进步的因素，在互助组织中逐步增强，它将使老区互助组织大大地前进一步。

三、尚须注意解决的几个比较具体的问题。第一，公积金如何使用的问题。用于扩大再生产的比重应多一些；公益事业数目不要太大。第二，在已有公积金的互助组，新吸收组员应予优待，但也应带一定的股金。第三，国家对于农业生产合作社，应予优待。

上述意见，妥否？望示。

山西省委

一九五一年四月十七日

附件二

关于互助组会议的几个问题

华北局：

王谦同志等今天详细汇报了互助组会议的内容，有几个问题，我们觉得还有申述的必要：

一、此次会议是互助组会议，所以我们四月十七日的意见是讨论关于互助组和农业生产合作社内部的问题，而不是一般地讨论农村问题或农业生产问题，这一点是必须首先弄清的。关于一般的农业生产问题，我们的思想是否有错误，请审查劳模会的总结。

二、农业生产合作社，是属于合作社的性质，是和手工业生产合作社属于同一性质的。手工业生产合作社有公积金，按劳力分红，反对资金分红。我们所试办的农业生产合作社，是土地分红和劳力分红同时存在，也抽一定的公积金。这是否可以说农业生产合作社有一点社会主义因素呢？社会主义的因素，是否对于私有基础是一个否定的因素呢？当然可以不这样讲，可是这样似乎也不算错。我们所以这样说，是因为华北局考察组的同志强调私有基础而否认农业合作社的半社会主义性质。但是除了私有基础之外，社会主义的因素似乎也应该看到，而且加以扶植。

三、我们是不是现在就普遍推广这种做法或过渡到社会主义去呢？显然不是的。我们在晋东南试办了10个，晋西北兴县原来有3个，全省一共是13个。不过因为是个新问题，是带研究性质的，所以我们很重视。它的发展前途如何，我们从来没有结论。那么这能不能说是把新民主主义革命与社会主义革命混淆起来呢？似乎不能这样说。

四、关于富农问题，我们坚持了中央的规定，允许富农的存在与发展。所谓限制富农，是指互助组和农业生产合作社里的富农。既然手工业生产合作社不准资金分红，限制资本家在合作社的剥削，为什么在农业合作社不可以限制富农的剥削呢？这是合作社的性质所规定了的，并不妨碍对于互助组以外的富农的保护，犹如供销合作社和手工业合作社不妨碍私人工商业的存在与发展是一样的。

五、我们说农业生产合作社的公积金和按劳分配两个因素，是否对于私有基础的否定因素，它逐渐动摇、削弱，直至否定私有基础，这也是说的合作社里边，没说合作社外边。而所谓逐渐，是说上述两个因素逐渐加强，私有基础就相对地减弱。当然这只是指的生产手段，而且这是个历史过程。这一点，似乎也不违背共同纲领，因为合作社也是共同纲领所规定的五种经济之一。

六、陶鲁笳同志在京，希能找他谈一谈。

以上意见，妥否？希示。

山西省委

毛主席与农业学大寨

现在有些出版物中，关于毛主席是在什么情况下号召农业学大寨的，其说不一，对大寨历史的评论更是众说纷纭。从 1953 年到 1965 年我在中共山西省委担任第一书记，大寨典型的发现及其在全省的推广，以及毛主席在 1964 年间几次肯定大寨的基本经验，最后中央和国务院决定在全国开展农业学大寨运动，这些我是亲身经历过的。现在写出来，作为史料提供给读者及有关研究者参考。

一

新中国成立以前，大寨是太行山区一个穷山村。全村 75 户有 800 亩耕地，其中的 50% 为 4 户地主富农所占有，贫农、下中农占全村户数的 78%，却只占有 20% 的耕地。那时全村平均亩产粮食遇到好年景也只有 140 来斤。新中国成立后，这里的土改搞得很彻底，群众发动得很充分，党的基础比较好。1952 年冬实现了初级合作化。当时陈永贵担任社长，贾进才担任支部书记。1953 年贾进才推荐陈永贵担任支部书记，自己任副书记。这个让贤的故事，一直传为佳话。从此，这个村的党支部执行党在农村的各项政策都很出色。1953 年秋，他们遵循群众路线，制定了 10 年造地规划。全村干部、群众团结一心，自力更生，艰苦奋斗，提前实现了规划，粮食亩产由 1952 年的 237 斤逐步跃进到 1962 年的 774 斤。

中共晋中地委发现了这个典型，先于 1959 年 12 月在大寨开了现场会，推广大寨党支部的先进经验。后来又于 1962 年号召全地区推广大寨干部参加生产和领导生产相结合，革命干劲和科学态度相结合，以农田基本建设为中心，运用“八字宪法”，高速度地发展农业生产的先进经验。

中共山西省委曾于 1960 年 2 月批转中共晋中地委的报告，发出了“学习模范支部书记陈永贵的号召”。在《山西日报》上发表了《陈永贵——党支部书记的好榜样》的社论。之后，省委又于 1963 年 3 月请陈永贵在全省劳模会上介绍大寨的经验，引起与会者的强烈反响。同年 11 月 9 日，省委向全省农村、城市的各级党组织发出向大寨学习的通知。这年 8 月，大寨遭受了特大洪灾，70% 的房窑塌了，庄稼都倒伏了，23% 的梯田的土层被冲光了。他们经过艰苦卓绝的抗灾斗争，提出并实现了“三不要”（即不要国家的救济粮、救济款、救济物资）、“三不少”（即原计划的国家征购粮、集体储备粮、社员

20世纪五六十年代，陶鲁笳（右二）与陈永贵（右一）。

口粮都不减少）的口号。中共山西省委总结了大寨的新经验，号召全省各级党组织学习大寨人藐视困难、敢于革命的英雄气概，自力更生、奋发图强的坚强意志，以国为怀、顾全大局的高尚风格。省委尤其重视大寨帮助后进大队的经验。从1959年开始，他们从政治、经济、生产、经营管理等各方面，帮助后进的邻村井沟大队，追赶自己。到1962年，井沟的粮食亩产就由1959年的270多斤提高到505斤，成了省级先进集体单位。起初有些社员对帮井沟思想不通，陈永贵说："咱们爱集体，要爱自己的集体也要爱别人的集体，更要爱社会主义的大集体，这才是真正的集体主义。要是全省的生产大队都办得比大寨好，国家还怕不富足？我们还怕什么帝国主义、修正主义捣乱！所以我们诚心诚意希望兄弟队都能赶上大寨，都能超过大寨，赶得越快越好，超得越多越好。"他还说："一个先进大队，在周围的大队都比你落后的情况下，就可能停滞不前，因为，屁股后边没有人赶嘛！一个先进单位要能帮自己周围一两个后进单位，别人能先进，自己就能更先进，支援别人也就是支援自己。"据此，中共山西省委在全省劳模会上提出了学习大寨"一带二"的新经验，当然一带三、一带四更好，目的是在全省形成一个比学赶帮超的群众运动。

二

1964年1月，国务院邀请陈永贵到北京人民大会堂向首都一万多人介绍了大寨经验。他的生动而又富有哲理的讲话，不断被热烈的掌声所打断。中央人民广播电台把他的讲话现场实况转播后，收到了全国四面八方寄来的表示钦佩和学习的许多信件。

1964年2月10日，《人民日报》登载了大寨大队在贫瘠的山梁上艰苦奋斗、发展生产的报道，同时发表题为《用革命精神建设山区的好榜样》的社论，指出："每一个地方，不论是山区还是平原，都要很好地学习大寨的经验，同时，也要很好地总结推广自己的'大寨'经验。要学习大寨的革命精神，自力更生、奋发图强的优良作风和严格要求自己、以整体利益为重的共产主义风格。"这个报道和社论发表以后，全国农业战线反响很大。

三

1964年3月28日至29日，毛主席召集中共河北、山西省委的林铁、刘子厚和我等几个人，到他停在邯郸的专列上，听取工作汇报。我汇报说，前不久我在昔阳县大寨大队蹲点，了解到这个大队的生产和思想政治工作都很出色，支部书记陈永贵是个生产能手，也是思想政治工作的能手，而且对管理工作抓得很严，公私分得很清。省委1960年就曾发出通知，要求全省农村党支部书记向陈永贵学习。陈永贵提出过一个很好的口号，叫作"参加生产，领导生产"。这时毛主席说，很好嘛！就像打仗一样，纸上谈兵不行；你不参加打仗，怎么会指挥战争呢！

接着我继续汇报说，陈永贵要求每个党员的劳动要好于一般群众，支部委员要好于一般党员，支部书记更要好于一般委员。他认为只有这样，党支部才有资格领导生产。初级社刚成立时，村里的地主富农分子暗中轻蔑地说，看这些穷小子们还办社哩，兔子尾巴长不了，用不了几年，非让他们吃塌了不可。陈永贵得知后在党员大会上说，我们每个同志都要横下一条心，绝不占公家一点便宜，让他们看看，共产党员根本不是他们说的那种人。10年来，大寨全村的工分账和财务账，从来是一清二楚，接受群众监督，定期向社员公布。群众称他们的支部书记是贴心书记，会计是保险会计。大寨的评工记分，照陈永贵的说法是“有制度，不繁琐；有差别，不悬殊”。

毛主席说，这个办法好。评工记分就是不要搞繁琐哲学。又有差别，又不悬殊，才能调动广大群众的社会主义劳动积极性。

我又接着汇报说，陈永贵这个人，群众说他很有才干，他领导群众搞集体生产，年年有新套套。他常说，你没有新套套，天还是那个天，地还是那个地，它不会给你增产一斤粮食。他的新套套，不是凭空想出来的，是在和群众一起劳动的实践中琢磨出来的，是经常请教山西农学院的科学技术人员，经过科学试验得出来的，所以很见效。正如他说，集体生产有了新套套，才能变思想、变技术、变土地，才能稳产高产。从建立初级农业生产合作社以来，大寨年年改变着生产条件，年年增产，年年增加上交国家的征购粮。可是，“大跃进”那几年，许多农村浮夸虚报，说他们的粮食平均亩产已过了长江，超过了800斤甚至1000斤时，大寨却如实上报粮食单产400多斤。1963年8月初大寨遭受特大洪灾时，陈永贵正在县里参加人代会，他听到后立即绕走山路回到村里。群众一见他就说：“永贵，你看这么大的灾，咱们怎么往下活呀！”有些人悲观地哭了起来。陈永贵先问大家，人冲走了没有？牲口冲走了没有？大家说没有。然后，他挺起腰杆说：“没有冲走一个人，没有冲走一头牲口，这就是大喜事，应该开庆祝会，还哭什么。毛主席说过，人是第一可宝贵的，有了人，什么人间奇迹都可以创造出来。老天爷也是个纸老虎，欺软怕硬，你硬了，它就软了。我们每个人都有两只手，靠两只手我们就能改天换地。旧的不去新的不来嘛。”就是这样，他把全村动员起来，不分男女老少，齐心协力，夜以继日，战天斗地，果真创造出了惊人的奇迹。被洪水冲倒在泥浆里的秋禾，一棵棵被扶起来，培土施肥，千方百计地救活了。结果，除少量完全被冲垮了的梯田绝收外，粮食亩产获得了700多斤的高产纪录。接着，他们研究了洪水为害的规律，修订第二个10年造地规划，建设抗御旱涝能力更强的稳产高产的新梯田、沟坝田、河滩田。被洪水冲毁了的旧大寨，也按照统一规划，用集体的公共积累，重建家园。他们以白天治坡、夜间治窝的惊人毅力，建起了焕然改观的新大寨，仅仅半年多的时间，半数社员就欢欣鼓舞地搬进了新居。这真是一个奇迹！他们选择一处又长又高的坡面，用石灰写上了“愚公移山，改天换地”赫然醒目的8个大字。这8个大字活现了大寨人的雄心壮志。1963年11月省委向全省农村、城市各级党组织发出了向大寨人民学习的通知后，到大寨去参观的人越来越多，都惊叹大寨人个个是改天换地的劳动英雄。我还汇报说，1964 年 2 月 10 日《人民日报》发表了《用革命精神建设山区的好榜样》的社论，高度赞扬了昔阳县大寨大队的革命精神。

20 世纪 60 年代，陶鲁笳（前排左三）在山西省昔阳县。

毛主席听到这里，饶有兴趣地问我，陈永贵是哪几个字，他识字不识字？

我当即在纸条上写了陈永贵三个字，并说，他 42 岁扫盲，今年 50 岁，现在能读报，还懂得什么叫逻辑。不久前他在太原作报告，赵树理听了很佩服，对我说，陈永贵的讲话，没有引经据典，但他的观点完全合乎毛泽东思想和辩证法。

这时，毛主席对大寨和陈永贵以肯定和赞赏的语气说：穷山沟里出好文章。唐朝时你们山西有个大学问家柳宗元，他在我们湖南零陵县做过官，那里也是个穷山区，他在那里写过许多好文章。类似这样借题联想、旁征博引的谈话，在我同毛主席的接触中不止听到过一次。

毛主席又高兴地问我，你们有他的材料没有？《人民日报》那篇文章我没有看。随即让他的秘书把《人民日报》那篇文章找来。我也把预先准备汇报的有关陈永贵和大寨的材料交给了他。

四

毛主席回到北京以后不久，1964年4月20日，周恩来总理就派农业部长廖鲁言到大寨作了20天的考察。他着重总结了大寨自力更生，艰苦奋斗，按照农业“八字宪法”建设稳产高产农田的经验。他特别赞赏大寨经过多年努力，使建起的水平梯田成为活土层在一尺以上的、蓄水保肥、抗旱保墒的“海绵田”。他认为这种“海绵田”对于发展我国旱作农业具有普遍的科学意义。他回京后，向周总理和毛主席作了书面汇报。同年5月中旬，我参加中央在北京召开的工作会议，在讨论第三个五年计划时，听到毛主席讲，农业主要靠大寨精神，自力更生，要在种好16亿亩地的基础上，建设4亿多亩稳产高产田，要逐步减少粮食进口，以增加新技术的进口，需要加强内地建设。这或许就是农业学大寨的来由吧。至于“农业学大寨”这个字句，中央文件可查见的是1966年8月14日发表的八届十一中全会公报，其中在讲到毛主席近四年提出的一系列英明决策中，是有工业学大庆、农业学大寨的字句的。

1964年12月，周总理在第三届全国人民代表大会上所作的《政府工作报告》中，第一次公开表彰大寨是农业战线的一个先进典型。众所周知，这个报告是经过毛主席审阅、修改的。周总理在报告中指出：“山西省昔阳县大寨公社大寨大队，是一个依靠人民公社集体力量，自力更生地进行农业建设、发展农业生产的先进典型。”“这个大队，原来生产条件很差，是一个穷山恶水土地薄、全部耕地散在七沟八梁一面坡的地方。十几年来，这个大队在党的领导下，充分调动群众积极性，以加工改造耕地为中心，结合运用‘八字宪法’，高速度地发展了农业生产。他们进行了大量的、艰巨的农田建设，把过去的四千七百块土地并成了二千九百块，并且都建成为旱涝保收、稳产高产农田……他们正确地处理了集体和国家的关系，他们只向国家借过一次钱，第二年就归还了。从一九五三年到一九六三年的十一年中，这个大队在逐步改善社员生活的同时，向国家总共交售了一百七十五万八千斤粮食，每户每年平均交售两千斤。”

最后，周总理概括大寨精神说：“大寨大队所坚持的政治挂帅、思想领先的原则，自力更生、艰苦奋斗的精神，爱国家、爱集体的共产主义风格，都是值得大大提倡的。”

在人代会期间，周总理看到一份内参上登了一个记者的报道，说大寨耕地亩数不实，今年粮食平均亩产跨过长江、超过800斤的报道也不实。周总理当即找华北局第一书记李雪峰、山西省省长卫恒和我三人到中南海，专门询问此事，并要我们立刻派人到大寨去丈量土地，核实粮食产量。他说，如果确有虚假，《政府工作报告》公布后，外国记者会把它捅出去的，这样国际影响就很不好。于是，我们立即派农业厅长康丕烈和省委办公室副主任刘贯文带着一批助手到大寨同国务院工作组一道进行了一个多月的查田定产工作，最后经过核实，大寨耕地面积为796.69亩，1964年粮食平均亩产809斤，跨过了长江。我们一面上报周总理，一面在省内也作了通报，因为省内不少人对此也是有怀疑的。事实证明，周总理在《政府工作报告》中对大寨经验的基本总结和大寨精神的概括，是完全符合当时大寨的实际情况的。

人代会12月26日的会议散会后，周总理遵照毛主席的安排，带着陈永贵、邢燕子、王进喜、董加耕四位劳动模范到人民大会堂的一个小宴会厅，

20世纪五六十年代，陶鲁笳（左二）陪同彭真（左三）在太原视察。

让他们和毛主席同桌就餐。被邀在同桌就餐的还有钱学森、曾志、彭真、罗瑞卿、余秋里等同志。一开始，毛主席对大家说，今天既不是做生日，也不是祝寿，而是实行“三同”①。我用自己的稿费请大家吃顿饭。我的孩子没让来，他们没有资格。这里有工人、农民、科学家、解放军，不光是吃饭，还要谈话嘛！他在谈话中，含蓄地又一次肯定了大庆和大寨这两个先进的典型。他先问在座的余秋里同志读了几年书，余答：“三年小学。”他说，三年小学能搞出个大庆来，就不错嘛！接着他对陈永贵说，你是庄稼专家了，多大岁数啦？陈答：“五十岁。”他说，五十而知天命，搞出一个大寨来，很好！陈永贵当时未听懂他的湖南话，无意识地点了点头。事后才知道他讲话的意思，后悔自己不该点头。他还对钱学森同志说，你是搞卫星的，卫星上天靠你了。钱说：“谢谢主席的鼓励。”在谈话中，他还告诫四位劳动模范说，你们有了成绩不要翘尾巴，一辈子也不要翘尾巴，要夹着尾巴做人。（以上所述是根据董加耕同志写的回忆材料）

五

1965年春，我陪同华北局第一书记李雪峰同志和河北省委第二书记刘子厚同志到大寨考察。有一天我们三人在参加由陈永贵主持的党支部会议上，听到陈永贵在讲到大寨工作经历过的风风雨雨时，对1964年11月晋中地委组织“四清”工作队进驻大寨帮助“四清”，深表不满，认为这个工作队是有意要把大寨整垮的。他说，1964年12月他在北京参加第三届人大时，村里有的同志打电话告诉他，工作队认为大寨红旗旗杆上长出了虫虫，他们来大寨的任务就是要把这些虫虫挖掉，使大寨红旗举得更高。因此，在村干部“洗手洗澡”②中，把许多同志整得灰溜溜的，抬不起头来。他听到这种情况后，在北京开会期间就向周总理反映说，这种“四清”办法，打击面太大，基层干部无法干下去啦。说到这里，他竟感情冲动地流出了眼泪。之后，据我们了解，工作队的某些同志，工作方式确实有些简单粗暴，对大寨有些干部提出了一些过火的不够实事求是的批评意见，但没有根据说明他们是有意要把大

① “三同”指干部到农村去和群众同吃、同住、同劳动。

② “洗手洗澡”是毛主席对农村“四清”运动中，基层干部通过批评与自我批评克服缺点错误所作的比喻。

寨整垮。最后“四清”的结果也表明大寨所有干部并不存在“四不清”的问题。但永贵同志听到一些过火的批评意见，就一触即跳，大发牢骚，我们感到这是他的骄傲情绪的流露。所以，当时李雪峰同志要我找他个别谈一谈，对他的骄傲情绪进行一次严肃的批评，帮助他深刻领会毛主席的教导：“有了成绩，不要翘尾巴”；“虚心使人进步，骄傲使人落后”。我按照这个精神耐心地和永贵同志谈了一个多小时。当时他爽快地表示接受雪峰同志和我对他的批评帮助。

1965 年 5 月，周总理第一次到大寨时，曾谆谆告诫永贵同志和大队干部有两条要注意：一是有了成绩，年老的不要骄傲自满，年轻人更不要骄傲自满，要检查自己的不足，虚心向别人学习，永远前进。二是要发扬民主，办事要和群众商量，不能一人说了算。

1965 年 9 月，陈永贵出席山西省第二届党代会，会上他代表大寨党支部作了“条件坏，难不倒；成绩大，喜不倒；灾害重，吓不倒；荣誉高，夸不倒”的发言。会后，中共山西省委把陈永贵的这个发言转发给全省各地、市、县，并加了批语。省委认为大寨人“四不倒”的精神是十分可贵的，学习和发扬这种精神，就可以使我们在任何情况下都立于不败之地。

六

从 1965 年到 1973 年，周总理曾陪同外宾三次访问大寨。1965 年 5 月 21 日，周总理陪同阿尔巴尼亚外宾第一次访问大寨时，在肯定大寨成绩的同时，要求大寨要多种树，控制水土流失；要立足三年大旱搞水利设施建设，保证稳产高产；要多储备粮食；办粮食加工厂，发展畜牧业，发展多种经营，增加收入；还要办半耕半读的学校，培养又红又专的接班人。周总理的指示，大寨人都照办了。

1973 年 4 月 23 日，周总理陪同墨西哥总统埃切维里亚第三次访问大寨。当总理一行乘车到大寨村口，一下车看到大寨的巨大变化后，他高兴地对陈永贵说：“永贵，我不敢认大寨了，变化真大，你们老的小的干得好啊！”总理向外宾介绍了前两次来大寨时房子还没有这么多，树还没有长大，今天大寨人在新农村欢迎我们，变化真大啊！总理同社员握手时，特别注意上年纪的人，总理说：“我认识你们，你们是真正的大寨人，你们干得好啊！”当总理陪同外宾要步行上虎头山视察时，陈永贵说：“总理，可以坐车上山了，山上已修了盘山路。”总理说：“不坐车了，到了大寨就得有大寨精神，发扬大寨精神爬山哪！”到了虎头山上新修的蓄水池边时，总理向客人介绍说：“我 1965 年来时山上没有树，今日树木成林，又种了那么多水果树，梯田修得这么漂亮，又修了蓄水池，我说的，大寨人都这么做了，干了这么多事……”正在这个时候，邓大姐风趣地说：“你让永贵介绍吧，总理当大寨说明员了。”总理高兴地说：“我了解情况，可以当说明员了。”逗得大家都笑了起来。埃切维里亚总统说：“我们今天来大寨，看到了你们这样巨大的成绩，看到了精神力量。大寨不仅是你们新中国的榜样，也是第三世界的榜样，也是墨西哥的榜样。”（以上所述是根据昔阳县的档案材料）

七

我于 1965 年 9 月离开山西，此后在很长时间内我对大寨的情况不甚了解。直到 1975 年 11 月 8 日至 13 日我才有机会又到大寨和昔阳县参观，看到大寨比我在山西时有了很大的变化。这些变化是：大寨耕地由原来的 2900 多块，连片并成了现在的 900 多块。原来最大的一块地不到 5 亩，现在 10 亩以上的大块地已有 10 多处。而且从 1970 年冬开始，经过 4 个冬春，搬山填沟造平原，新建小平原 200 亩，新增耕地 150 多亩。水浇地由原来的几十亩扩大到现在的 500 多亩，几乎占了总耕地面积的 70%。原来光秃秃的虎头山，现在是青松翠柏，郁郁葱葱。粮食亩产 1970 年就突破了千斤大关，这几年连年超过千斤。特别引人注目的是，大寨田间耕作不但用上了农业机械，而且还安装了喷灌、滴灌的水利设施。再看大寨村里，一排排新房新窑，人均居住面积已达 20 平方米。还新建了医院、中学、幼儿园、托儿所、大礼堂、展览馆、青年之家、书店、图书馆等。我看到这些变化自然很高兴，但更高兴的是，我到过去熟悉的河川、农村转了一圈，看到昔阳全县 10 年来在推广大寨治山治水、大搞农田水利基本建设的情况下，面貌也大为改观了。据陈永贵告诉我，全县主要几条河川，经过几年的治水治山，控制水土流失，在宽广的河滩上打坝填土造平原，全县增加了 5 万亩既能机耕又能浇水的良田。1970 年全县粮食平均亩产就过了“黄河”，提前两年实现了毛主席提出的全国农业发展规划到 1972 年黄河以北粮食亩产达到 400 斤的目标。在短短的三年时间内昔阳粮食总产量翻了一番。所以国务院于 1970 年 9 月 15 日在昔阳召开北方地区 14

省、市、自治区农业会议，肯定昔阳建成了大寨县。的确，我这次在昔阳看到许多农村变成了各种各样、具有自己特色的“新大寨”。大寨和昔阳县以上这些变化是在“文化大革命”中发生的。我认为这些成绩是来之不易的，应该加以肯定。

八

1978年12月党的十一届三中全会的召开，揭开了我国农业和农村工作的新篇章。1980年11月党中央转发了《山西省委关于农业学大寨运动经验教训的检查报告》，并加了批语。这个《批语》实事求是地从正反两个方面总结了农业学大寨的经验教训。《批语》一方面肯定了“文化大革命”以前，“大寨的确是农业战线上的先进典型。周恩来同志所总结的大寨的基本经验以及这些经验在全国的推广曾经起过积极的作用”；并且也肯定了“文化大革命”以来，“全国各地学大寨的农业先进典型绝大多数在生产上、建设上都是有成绩、有贡献的。同样，大寨和昔阳县的绝大多数干部和群众，在农业战线上也做过贡献”。另一方面又指出，“文化大革命”以来，“在山西省内推行大寨经验的错误以及由此造成的严重后果，山西省委已经承担了责任。就全国范围内来说主要的责任，在当时的党中央”。“在大寨和昔阳县推行‘左’倾路线以及由此造成的严重后果，主要应由陈永贵同志负责”。这样，就分清了是非、功过和责任，不但有利于进一步肃清农业战线上“左”倾路线的影响，更好地贯彻执行十一届三中全会以来中央制定的各项农村政策，而且也有利于保护广大干部和群众学习和贯彻执行周恩来同志所总结的大寨基本经验的积极性。

应当指出，周恩来同志总结的大寨精神，特别是自力更生、艰苦奋斗的精神，不但过去具有普遍意义，而且在今后改革开放中仍然是值得提倡的。这里还应当提到，已故伟大的老一辈无产阶级革命家李先念同志，他生前曾先后三次去过大寨。他在1992年6月21日逝世前不久的5月4日，在听了中国扶贫基金会负责同志汇报一些贫困地区坚持大搞农田基本建设，解决了温饱问题时说，这个经验很重要，过去大寨搞的“海绵田”，是很对的，获得了增产粮食的效果，不能把好的经验丢了。但是后来变成学不学大寨是对毛主席的态度问题，这就过分了。不能说大寨什么都先进，什么都得学，但是大寨治山治水、搞农田基本建设的经验还是对的。我认为，李先念同志对大寨和农业学大寨的评说，言简意赅，客观公正，具有深刻的历史意义和现实意义。

九

像陈永贵这样一个来自偏僻山村的农业劳动模范何以在“文化大革命”中犯了执行“左”倾路线的严重错误？这种社会现象是很值得研究的。但有些人笼而统之地把陈永贵等同于“四人帮”，显然不是实事求是的态度。由此引起我想到了下述两件往事：其一，1975年夏，我和我的爱人贾于慈同志到陈永贵同志在北京圆恩寺住的一个四合院去看他。他告诉我们，周总理患重病，他到医院去探视过；毛主席的健康状况也不好。他深情地对我们说：“万一周总理和毛主席百年之后，据我的观察，能够支撑中国这个大厦的人，只有邓小平。”正当小平同志同“四人帮”作斗争期间，陈永贵同志能够看准这一点而自觉地站到小平同志这一边，不能不说是难能可贵的。其二，1986年在陈永贵同志逝世之前，他在北京医院住院期间，我曾先后两次去探视过他。每次他总是说：“我在工作中有严重的‘左’的错误。但有人说，我是‘四人帮’的人，大寨是‘四人帮’的黑样板，我是绝对不能接受的。”“我自己的错误向中央作过检讨。小平同志也对我说过，你有错误，但和‘四人帮’无关，你不是‘四人帮’线上的人。有了小平同志的这句话，我死也就可瞑目了！”以上这两件我亲见亲闻的事实，足以证明，那种把陈永贵同志说成是“四人帮”黑线上的人的观点，显然是站不住脚的。

十

现在改革开放的春风，正在中华大地劲吹。具有中国特色的社会主义现代化建设的新高潮，正在荡涤着一切与之不相适应的旧体制、旧办法、旧思想、旧观念，而使全国城市和乡村的面貌日新月异。抚今思昔，我殷切期望，今日的大寨和昔阳县，要跟上时代的步伐，放下历史包袱，解放思想，更新观念，发扬自力更生、艰苦创业的好作风好传统，结合自己的实际，认真学习和贯彻执行十一届三中全会以来党的基本路线和十三届八中全会关于进一步加强农业和农村工作的决定，特别是1992年初邓小平同志关于加快改革开放的重要谈话。同时，虚心学习农业战线上涌现出的许多新型的先进典型，取长补短，大胆创新，重振雄风。我相信，在山西省委的坚强领导下，大寨和昔阳县一定能够恢复昔日的荣誉，并取得新的进步，作出新的贡献。

1992 年 11 月

我记忆中的毛泽东同志

——为纪念毛泽东同志诞辰 100 周年而作

1993年12月26日，是我们党的伟大领袖和导师毛泽东同志诞辰100周年纪念日。全党全军全国各族人民深情地缅怀为缔造中国共产党、中国人民解放军、中华人民共和国、为创立中国的马克思主义、为开创中国的社会主义宏业而震惊世界的这位历史伟人。作为一名老党员，我在担任中共山西省委第一书记的12年间，曾同毛泽东同志有过较多的接触和交往，他那所特有的过人的智慧和洞察力、非凡的理论概括力和说服力、运用自如的渊博的历史知识、深入浅出生动风趣的谈吐、高瞻远瞩的雄才大略，至今记忆犹新，令我神往。

现将我记忆中的有关毛泽东同志的几件往事记录下来，以表达对他老人家的无限崇敬和深切怀念之情。

“价值法则是一个伟大的学校”

毛泽东同志关于商品生产和价值法则的论述，我曾多次听过，给我印象最深刻的是毛泽东同志为纠正“大跃进”和人民公社化运动中“左”的错误而召开的两次郑州会议、一次武昌会议和一次上海会议上的讲话。这四次会议我都参加了，而且都作了详细的笔记。

1958年11月2日至10日，毛泽东同志召开了第一次郑州会议。第一天，毛泽东同志先找河北、山西、陕西、甘肃、河南五省的省委第一书记到他停在郑州的专列上开会。一见面，他就面带笑容地说：“噢，还是老人手。”又问：“你们有什么新闻？”会上，陈伯达汇报他在河南调查的情况时讲到要废除商品生产，以劳动券代替人民币等奇谈怪论，毛泽东同志听后沉默无语。

之后，其他省、市委的同志和中央部分同志相继分批来参加会议。

会议期间，毛泽东同志给我们每人发了两本书：斯大林著的《苏联社会主义经济问题》《马恩列斯论共产主义》，并要我们联系实际用心读三遍。他还用了三天时间听取了各省、市同志的汇报。

10日清晨，大家被突然通知到一个小礼堂开会。一开头，毛泽东同志说：“现在秀才（指陈伯达）要造反，你们知道不知道？今天我给大家开课，讲《苏联社会主义经济问题》。”于是，他用一整天的时间，结合我国的具体实践，逐章逐段地分析了斯大林的这本书，驳斥了陈伯达的错误观点，对于斯大林著作中的观点，毛泽东同志有肯定和发挥，也有否定和商榷。他针对当时公社化运动中普遍存在的混淆社会主义与共产主义、集体所有制与全民所有制的情况，明确指出，必须划清这两种界限，肯定现阶段是社会主义，肯定人民公社是集体所有制。同时，关于商品生产和价值法则，从现实出发，从理论上作了精辟的阐述：

“商品生产是个经济法则问题。现在有些人，对于商品生产、价值法则的积极意义毫不估计，避而不谈，这是对马克思主义极不严肃的态度。现在，有些人大有消灭商品生产之势，有不少人向往共产主义，一提商品生产就发愁，觉得这是资本主义的东西。他们没有弄清社会主义商品生产与资本主义商品生产的区别，不懂得利用其作用的重要性，这是不承认客观法则的表现，是不认识五亿农民的问题。现在我国还是商品生产很不发达的国家，比印度和巴西还落后。现在还必须利用商品生产和价值法则来积极地为社会主义服务。”

“商品生产，不但资本主义社会有，封建社会有，奴隶社会也有嘛！为什么社会主义社会不能有商品生产呢？商品生产看它和哪个经济相联系就为哪个经济服务。社会主义商品生产和社会主义公有制经济相联系，因此它是为社会主义公有制经济服务的。这正是它和资本主义商品生产区别之所在。在我国社会主义阶段，你不搞商品生产、商品交换，你就要剥夺农民。农民有三权：生产资料权，产品所有权，劳动权。你只要废除商品，实行调拨，就要剥夺农民这三权。现阶段应当利用商品生产，团结几亿农民。只要存在两种公有制，商品生产就极其必要，极其有用。只要有商品生产，你没有人民币怎么行！”

“我是用斯大林这个死人来压活人。斯大林对英国革命胜利后是否废除商品生产仍有保留。但现在我们有些同志却想在我国废除商品，岂非咄咄怪事。这些同志只能是像斯大林所说的‘可怜的马克思主义者’。”

“人民公社的经济主要是自给经济的说法不对。公社要扩大社会交换，要尽量生产能和本地、本省、本国和世界交换的东西。公社不能‘小国寡民’，要搞多种经济作物，要搞工业，扩大生产可交换的产品。农业人口可以减少一半，就地搞到工业中去，为什么要五亿人口搞农业？农业和工业要有一个大的分工。苏联集体农庄不办工业，无法消灭城乡差别。”

“商品、工资、价值法则、经济核算、价格、货币，这些概念在目前阶段还有它的积极作用。我们是为了消灭商品生产而发展商品生产，正如为了消灭专政而加强专政一样。”

“商品，如斯大林所说‘只限于个人消费品’，是不对的，也是行不通的。还有农业工具（包括拖拉机）、手工业工具也是商品。这样是否会导致资本主义？不会。斯大林把拖拉机完全由国营拖拉机站垄断，不卖给集体农庄。赫鲁晓夫不是把农业机械卖给农庄了吗？农庄并没有因此而变成资本主义嘛！历来就有商品生产，现在加上一种社会主义商品生产。”

1958 年 11 月 21 日至 27 日，毛泽东同志召开了武昌会议，他在这次会议上讲到商品交换时，特别“提醒大家注意苏联《政治经济学教科书》第三版承认生产资料也是商品，这是对斯大林的《苏联社会主义经济问题》的一个重大修正。”他说：“生产资料归根到底是制造生活资料的”。他批评斯大林对国营企业生产的生产资料和集体农庄生产的生活资料的关系没有弄清楚。为了扩大积累，不是等价交换，而是提高工业品价格，压低农产品价格，扩大剪刀差，对农民竭泽而渔。他还针对有些同志企图过早地取消商品，否定按劳分配、价值法则、等价交换的主张，明确提出继续发展商品生产和继续保持按劳分配的原则，对于发展社会主义经济是两个重大的原则问题，必须在全党统一认识。并且尖锐地指出，“一平”（分配上的平均主义）“二调”（无偿调用生产队的劳力、物资）的“共产风”，是对按劳分配、价值法则、等价交换的否定，是对别人劳动的无偿占有，是对农民的剥夺。这不是马克思主义，而是“左”的修正主义。

1959 年 2 月 27 日至 3 月 5 日，毛泽东同志召开了第二次郑州会议。他围绕公社所有制这一中心问题，进一步从理论上、政策上作了系统的阐述。在会上，我汇报了会前我在洪洞县蹲点时目睹公社干部把富队的粮食无偿调给穷队，富队社员愤怒地群起阻拦以至相互殴打的情景。当时我对县社干部说：“队与队之间的贫富差别是客观存在，不能强行拉平，只有承认差别，才能消灭差别，正如毛主席说过的，只有承认山头，才能消灭山头的道理一样。”毛泽东同志听了点点头表示同意，并强调说：“把穷队提高到富队的水平，需要有一个较长的过程。这个过程，是农业机械化、电气化、公社工业化、国家工业化的过程，是人民的社会主义、共产主义觉悟程度和道德品质提高的过程，也是人民的文化教育和科学技术水平提高的过程。这只是第一阶段，以后还有第二第三阶段，才能完成社会主义建设。现在土地、人力、产品三者名义上归公社所有，实际上仍然是而且只能是归生产队所有。目前阶段只有部分归公社

1959年3月，毛泽东在中共中央政治局扩大会议（第二次郑州会议）上讲话，左二为陶鲁笳。

所有，即公社的积累、社办工业、社办工业的固定工人，此外还有公益金。所谓社有，如此而已。虽然如此而已，伟大光明灿烂的希望也即在这里。年年增加积累，年年扩大社办工业，不但有大型农业机械，而且有社办电气站、社办学校等等，这样经过若干年，即可在所有制上，由基本上队有变为基本上社有。”

为了纠正“共产风”，毛泽东同志指定几个人起草一个通俗、简明的条文。当我作为起草小组成员之一向他汇报说“公社要实行三级管理、三级核算、各计盈亏”时，他非常敏锐地指出：“你没有讲等价交换、价值法则嘛。”经过多次讨论修改，毛泽东同志综合大家的意见，最后形成了整顿人民公社的14句话方针，即“统一领导，队为基础；分级管理，权力下放；三级核算，各计盈亏；分配计划，由社决定；适当积累，合理调剂；物资劳动，等价交换；按劳分配，承认差别”。他还说：“在社与社、队与队、社与国家之间，在经济上只能是买卖关系，必须遵守等价交换原则。”

1959年3月25日至4月1日，毛泽东同志召开了上海会议。为了继续纠“左”，会上产生了《关于人民公社的十八个问题》的文件。讨论过程中，我向毛泽东同志写了一个山西省县一级召开五级干部会议贯彻14句话方针的情况的报告。他看后当即加了《介绍山西经验》的标题，并在标题下署名写了“此件很好，很容易看。如有头昏病，还可以愈头昏”的按语。他还在报告的六处写了批语，作为会议文件印发了。我的报告中讲到运城县五级干部会议宣布将公社扣用原高级社的现金收入全部算清退还，社员们听到后高兴得跳了起来，以此实例证明，第二次郑州会议“主席提出的旧账要算、要处理的指示，是完全正确的，是群众的一个迫切要求”。在这段话后面，毛泽东同志写了如下批语：“旧账一般不算这句话，是写到了郑州讲话（作者注：指第一次郑州会议的讲话）里面去了的，不对，应改为旧账一般要算。算账才能实现那个客观存在的价值法则。这个法则是一个伟大的学校，只有利用它，才有可能教会我们的几千万干部和几万万人民，才有可能建设我们的社会主义和共产主义。否则一切都不可能。对群众不能解怨气。对干部，他们将被我们毁坏掉。有百害而无一利。一个社（作者注：应为一个县）竟可以将原高级社的现金收入四百多万元退还原主，为什么别的社（作者注：应为别的县的社）不可以退还呢？不要‘善财难舍’，须知这是劫财，不是善财。无偿占有别人劳动是不许可的。”这段旗帜鲜明的批语，尖锐地指出了价值法则对于社会主义经济建设的极端重要性，字字句句都洋溢着对人民群众切身利益的关怀。

可惜的是，毛泽东同志这些正确的论述，在理论上没有继续不断地进行深入的探索，在实践上更没有一贯地坚持下去，因而没有能够彻底纠正“左”的错误。

温故而知新。邓小平同志深刻地总结了正反两方面的历史经验，特别是总结了 10 多年来改革开放的生动经验，使之上升为建设有中国特色社会主义的理论。这个理论是毛泽东思想的继承、丰富和发展，是当代中国的马克思主义。

“主动权是一个极端重要的事情”

1959 年春的上海会议，主要是讨论和确定当年的钢、煤、粮、棉四大生产指标。会议期间，毛泽东同志召集六个大区的负责同志到他的住处座谈，通知的名单中也有我，但我接到通知晚了，去时正赶上吃午饭。在餐桌上，我正好坐在毛泽东同志的对面。由于我对分配给山西的高指标心里很不踏实，就情不自禁地说：“主席，我感到这次会议定的四大指标都过高了，特别是钢和粮两大指标，我已和在家的常委们通过电话，大家一致认为这样高的指标是无法完成的。”我的话刚说完，毛泽东同志就对着王任重说：“你有同情者了。”我一时不得其解。接着，柯庆施就对着我说：“要有雄心壮志嘛！共产党员不说三分大话不算数，有三分大话、七分可靠就行了嘛。”我当即回答说：“不能把雄心壮志和说大话混为一谈。我们山西农民有句话，‘说大话、放空炮，亩产千斤办不到’，可见群众对我们那些没有根据、办不到的大话是很不满意的。”这时，李井泉又对着我说：“要跳起来摘果子嘛！不要站在那里就想把果子摘到手。”我说：“现在的问题是，跳得再高也摘不到果子呀。”接着曾希圣也帮腔说：“分配给我们安徽的指标，只要鼓足干劲，是能够实现的。因此，我们接受。指标低了，不利于调动干部和群众的积极性。”我用实例回答说：“我们山西武乡县有一个党支部开党员大会，支书根据上面的意见，提出亩产要搞800斤。党员们说‘200斤低，400斤高，800斤你自己背起来好了’，说罢，党员们都走散了，只剩下支书孤家寡人。”

在我们争论过程中，我注意到毛泽东同志捂着嘴在一边笑。最后他说：“有不同意见，可以再讨论讨论嘛！”尽管毛泽东同志只说了这样一句话，却说明他已察觉到在指标问题上存在着相互对立的不同意见，这就使我心里感到踏实了些。事后我才知道，在我到会之前，在座谈会上柯庆施等同志也以大话压人，王任重同志已同他们进行过针锋相对的争辩。

从1959年到1962年这四年时间内，毛泽东同志以批评和自我批评为武器，在同高指标的错误锲而不舍地作斗争中，有许多至今仍有重要意义的真知灼见：

1959年毛泽东同志在谈到苏联《政治经济学教科书》中说的工厂下放是“革命措施”时，他认为这就是承认全民所有制内部有矛盾，这种矛盾发展到要采取“革命措施”来解决。过去我们的计划管得太死，束缚了生产力的发展。石景山钢铁厂国家原定计划投资2.4亿元，建设规模60万吨钢，100万吨铁，五年完成。下放给工厂自己管理后，结果，变成120万吨钢，200万吨铁，时间二年半。这个生产力是从哪里来的？原来就有嘛，只是没有发挥出来。办法无非是调整全民所有制内部的矛盾。全民所有制，生产资料国有，但归工厂掌握使用。由此可见，那时毛泽东同志从理论和实践的结合上，就已提出改革计划管得太死，把经营管理权下放到企业的见解了。

1960年6月18日，毛泽东同志在上海会议上作的《十年总结》讲话中，从马克思主义哲学的高度分析了高指标错误在认识上的原因，然后说：“我本人也有过许多错误。有些是和当事人一同犯了的。例如我在北戴河同意1959年完成3000万吨钢，12月又在武昌同意了可以完成2000万吨，又在上海同

1960年，陶鲁笳（左四）在山西晋祠。

意了1650万吨。如此等等……”鉴于高指标使我们天天处于被动地位的状况，毛泽东同志在《十年总结》中从理论上阐明了主动权问题。他说：“主动权是一个极端重要的事情。主动权就是‘高屋建瓴’‘势如破竹’。这件事来自实事求是，来自客观情况对于人们头脑的真实反映，即人们对于客观世界的辩证法的认识过程。我们过去10年的社会主义建设，就是这样一个过程。中间经过许多错误的认识，逐步改正这些错误，以归于正确。……”

在著名的1962年七千人大会上，毛泽东同志再次郑重地进行自我批评，并承担责任。他强调要好好总结经验，正确认识客观世界。他指出：“中国人口多，底子薄，经济落后，要使生产力很快地发展起来，要赶上和超过世界上最先进的资本主义国家，没有一百多年的时间是不行的。”这是正确估计国情国力，纠正急于求成，盲目追求高指标的错误而得出的比较符合客观世界的战略思路。由此我联想到，我国改革开放的总设计师邓小平同志提出的“从建国起，用一百年时间把我国建设成为中等水平的发达国家”和为实现这一目标分三步走的伟大战略部署，是毛泽东同志上述战略思路的继承和发展。

现在，我们完全可以有根据地说，善于从自己的失误中学习，正是一个党成熟而伟大的表现。

“真理是调查研究得来的”

毛泽东同志历来重视调查研究、群众路线，而且身体力行。《一九五六年到一九六七年全国农业发展纲要（草案）》（简称“农业四十条”）的形成，就是最典型的实例之一。

1955 年秋，我参加了毛泽东同志在杭州主持的省、市、自治区党委书记汇报会议。会议开始时，他以商量的口吻，讲了有关发展农业的 15 条意见。他说，这 15 条意见是他从北京出发，路经天津、济南到达杭州，一路上到各地进行调查研究，开了许多有各种人参加的小型座谈会，才逐步形成的。当时，这些意见还没有形成文字。在杭州会议上，他一面听取各省、市、自治区的汇报，一面指定几个同志组成文件起草小组，我被指定参加了这个小组。经过杭州会议，在 15 条的基础上又增加了两条，形成了“农业四十条”的前身——17 条。会议结束时，毛泽东同志还提出了许多问题，要求大家回去亲自作些调查研究。当年年底，毛泽东同志在为中央起草的《征询农业 17 条的意见》中，又要求各省、市、自治区的党委书记、地委书记、部分县委书记详细研究：究竟是否可以全部实现，还是有一部分不能实现；实现的根据是否每条都是充分的；除了 17 条外，是否还可以增加，只要是可行的，可以增加；等等。

1956 年 1 月间毛泽东同志召集福建、安徽、山西、上海等 17 个省、市委书记，在中南海开了五天会议。这次会议前，他已找了一些省、市、自治区党委书记议过一次，17 条已经发展成为 22 条。这次会议也同杭州会议一样，一面讨论，一面对文件进行修改、补充、完善，最后，由 22 条发展成为 40 条。

在会议上，我汇报说：“为加强工农联盟、城乡互助、发展工农业生产，山西从 1951 年开始，每年春节组织工农相互访问、联欢的活动，特别是 1953 年 12 月中央发布了《关于在春节期间组织工农联欢的指示》以后，工农相互访问，联欢的规模更大，效果更为显著，出现了许多工农相互支援的生动事例。”毛泽东同志听后很赞赏。他说：“这很好嘛！为什么不早提出来？要写进四十条，你负责起草。”这就是 40 条的最后一条。

“农业四十条”是靠调查研究和群众路线产生的。而它的实现，仍然要靠调查研究和群众路线。在这方面，毛泽东同志同样是全党的楷模。“农业四十条”公布以后，他连续好几年都抓贯彻执行，而且不止一次地深入农村、田间，以甘当小学生不耻下问的精神，向有经验的老农和科技人员请教，并且召开各种各样的座谈会，进行调查研究，总结群众的实践经验。他于1958年提出了农业“八字宪法”，即土、肥、水、种、密、保、管、工，并以自然辩证法讲解了这八个字的内涵及其相互联系、相互制约和共同促进增产的规律。从此，“八字宪法”就成了农民实现“四十条”的农业增产目标和提高科学技术的法宝。

毛泽东同志在1958年阴历大年初一的一次讲话中说：“写一个文件，没有实际工作经验是写不出来的。‘农业四十条’是和各省、市、自治区党委书记七议八议议出来的，其中只有一条‘除四害’是我的，其余都是别人的。”后来，在1960年当他听到有人对“除四害”中消灭麻雀有不同意见时，认为有道理，就把消灭麻雀改为消灭臭虫。毛泽东同志从来就是这样从善如流、集思广益、言传身教，使调查研究和群众路线在全党蔚然成风。

我还清楚地记得：1961年春，毛泽东同志在广州会议上强调讲了要大兴调查研究之风，1961年要成为调查研究年，还特别表达了他曾有这样一个心愿：“骑马从花园口到通天河，然后沿长江顺游而下，用三年的时间走遍全中国调查一番。”这寥寥数语，活现了毛泽东同志旺盛的求知欲和调查国情、振兴中华的雄才大略。

“你们的设想算什么雄心壮志”

1958年3月，在毛泽东同志主持的成都会议上，我汇报说：“山西同北京商量，为了解决工农业缺水问题，我们有一个共同的雄心壮志。想从内蒙古的清水河县岔河口引黄河水200个流量，100个流量经桑干河流入官厅水库，100个流量流入汾河，科技人员经过勘查，已提出了初步设想。”

毛泽东同志听了点点头，表示同意。然后说：“我们不能只骂黄河百害，要改造它，利用它。其实黄河很有用，是一条天生的引水渠。”他还谈笑风生地说：“你们的设想算什么雄心壮志！不过是继承古人的遗志而已。你们查查班固《汉书·沟洫志》，汉武帝时就有一个人建议从包头附近引黄河水经过北京，东注之海。”

毛泽东同志说：“可以设想，引用黄河水，把桑干河修成一条运河；也可以设想，把山西的汾河也变成运河；还可以设想，用黄河水在内蒙古改造沙漠，那才叫雄心壮志。”

接着，我说：“山西十年九旱。金木水火土，就是缺水，如果解决了缺水问题，旱涝都不怕，山西也和四川一样就成为‘天府之国’了。我们也设想过，引黄入汾，使汾河不但可以保证太原的用水，而且可以有灌溉之利，舟楫之便。”

我说到这里，毛泽东同志问道：“你们山西有个闻喜县，你知道为什么叫闻喜？”我摇摇头说：“不知道。”他便说：“汉武帝乘楼船到了这里，正好传来在越南打了大胜仗的捷报，汉武帝就给这地方起名为闻喜。汉武帝那时就能坐楼船在汾河上行驶，可见当时汾河水量很大，现在汾河水干了，我们愧对晋民呀！山西出煤，开煤矿发电也都得用水。山西现在缺水，黄河流经山西1000多公里，应该对山西有所贡献，引黄济汾是理所当然的。”

我回到太原后，经查《汉书》，果有如下记载：

汉武帝时，“齐人延年上书言：河出昆仑经中国，注勃海，是其地势西北高东南下也。可按图书，观地形，令水工准高下，开大河上岭，出之胡中，东注之海。如此，关东长无水灾，北边不忧匈奴，可以省堤防备塞，士卒传输，胡寇侵盗，覆军杀将，暴骨原野之患。天下常备匈奴而不忧百越者，以其水绝壤断也。此功一成，万世大利”。

“汉武帝元鼎六年，行东，将幸缑氏，至左邑（左邑即现在的曲沃——作者注）桐乡，闻南越破，以为闻喜县”。

由此可见，毛泽东同志的历史知识何等渊博而且博闻强记，古为今用，怎能不令人叹服！

“大泉山张风林真好啊”

大泉山是山西省阳高县一个只有几十户人家的小山村。过去，这里流传着一首顺口溜：“山山和尚头，处处裂嘴沟，旱天渴死牛，雨天水土流，满野黄土坡，十年九不收。”粮食亩产不过50斤，群众生活苦不堪言。山上的一位居士张风林解放前曾为绿化大泉山奋斗了10年，取得了一些成绩。但由于地主豪绅的压榨摧残，他的理想哪里能够实现？解放后，在党和政府的鼓励支持下，依靠党支部的领导和群众的集体力量，经过七年多的努力，他的理想才一步一步地变成现实。

1955 年，毛泽东同志主编《中国农村的社会主义高潮》一书时，中共山西省委把阳高县委书记王进写的介绍大泉山的文章送给了他。他亲自动手修改了此文，并把原来冗长的标题《大泉山怎样由荒凉的土山成为绿树成荫、花果满山？》改为简明、生动、醒目的标题《看，大泉山变了样》，还写了精辟的按语："很高兴地看完了这篇好文章。有了这样一个典型的例子，整个华北、西北以及一切有水土流失问题的地方，都可以照样去解决自己的问题了。并且，不要很多的时间，三年、五年、七年或者更多一点时间也就够了，问题是要全面规划，加强领导。我们要求每个县委书记都像阳高县委书记那样，用心寻找当地群众中的先进经验，加以总结使之推广。"

1956 年 1 月，中央在中南海召开省、市、自治区党委书记会议，讨论"农业四十条"。当谈到水土保持、绿化全国的问题时，我又向毛泽东同志汇报了大泉山采取挖鱼鳞坑、开渠、培埂堵沟等四条办法绿化荒山的经验。我说："1953 年，我到阳高县调查时，发现了这个典型。当时，县委书记王进、大泉山村党支部书记高进才以及张风林陪着我参观大泉山，从山上转到山下，边走边看边议论。给我印象最深的是：他们在山坡上由上而下，遍挖鱼鳞坑，每坑的边上都植了树，树小时坑内种农作物，当年即可得利，树大后就停止种植。为保护鱼鳞坑免遭水冲，他们在山坡上打了一道一道的拦水埂，埂里挖连环卧牛坑，使之上通鱼鳞坑，下通排水渠，埂上遍压杨柳枝条，使坑又结实又长树。这样，遍山挖鱼鳞坑，就可遍山蓄水，遍山植树，而且树的成活率高，他们把这个办法叫做'土蓄水，水养树，树保土'，加上他们在沟壑里也由上而下层层打坝，节节蓄水，分段拦沙，每筑一坝，就修一台地，成为良田，沟底两岸全部营造了护岸林，从而形成了一整套治理水土流失、化害为利的有效措施。1954 年实现合作化后，更加快了大泉山面貌的改变，使过去的荒山、荒坡、荒沟成了梯田成排、绿树成荫、溪水潺潺、花果满山的优美景地。这就是张风林和大泉山人的创造。"毛泽东同志听了以上汇报后高兴地说："大泉山张风林真好啊！你回去后对他说，我们感谢他！我们要在报纸上大量报道大泉山，要写书、写传单，给来参观的人每人发一套。"

毛泽东同志对大泉山经验的肯定和对张风林的赞扬，极大地鼓舞了大泉山人。两年后，他们进一步控制了水土流失，基本上做到了土不下山，水不出沟。而且他们的经验，在大泉山高级合作社的 8 个自然村迅速得到了推广。在

1956年、1957年两年，他们利用冬春农闲时间，组织全社劳力，上山下沟，挖鱼鳞坑，植树造林，筑坝造田，在6个山头栽树2000多亩，取得了突出的成绩。1957年，大泉山高级合作社受到国务院的嘉奖。同时，在毛泽东同志写的按语发表后两年内，全国先后有23个省、市、自治区的3万多人到大泉山参观学习，著名科学家竺可桢和苏联水利专家等也到那里参观过，对大泉山的绿化荒山和水土保持工作都给予了高度评价。

1958年，毛泽东同志在成都会议期间，还在两次讲话中提到大泉山和张凤林。一次说，“我们的东西都是从群众中来的。用鱼鳞坑的办法绿化荒山，是大泉山的一个和尚（应为居士——作者注）创造的。不同群众接近，任何东西创造不出来。”另一次说：“大泉山治理水土流失、蓄水用水的经验，一经在全国推行，更发展了，更系统化了。”

毛泽东同志对大泉山的关怀，成了大泉山人征服大自然、改变一穷二白面貌的强大动力，即使在“文化大革命”十年动乱的岁月里，他们也没有放松对水土流失进行综合治理。特别是十一届三中全会以来，大泉山村的巨大变化更是令人鼓舞。到1990年底，他们控制水土流失面积已达3000亩，森林覆盖率达到81%，先后建成大小蓄水池108个，真正做到了土不下山，水不出沟。过去的荒山、荒坡、荒沟早已变成年年增值的“绿色银行”。他们用林业的收入启动农、牧、副、工各业，使五业相互促进，全面发展。如今的大泉山正如当地群众传颂的歌谣：松柏杨柳绿满山，层层梯田平展展，村里村外机器响，清清流水绕山间，科技兴农见实效，生产旧貌换新颜，脱贫致富五业旺，文化教育大改观。我想，如果毛泽东同志在天有灵，看到大泉山如此巨大的变化，一定会再次用浓重的湖南口音动情地说：“大泉山张凤林真好啊！”

当此毛泽东同志诞辰100周年纪念日即将来临之际，我们无比欣喜地看到了，在邓小平同志建设有中国特色社会主义理论的指引下，我们的国家正在发生着举世瞩目的蓬勃巨变。毛泽东思想和毛泽东同志一贯倡导并率先垂范的实事求是、群众路线、调查研究等优良传统更加深入人心，继承和发扬这些极其宝贵的精神财富，是我们实现有中国特色的社会主义的可靠政治保证，是使我们党永远立于不败之地的可靠政治保证。

1992年9月

（本文原载《山西日报》1993年12月12日）

后　记

拙作《一个省委书记回忆毛主席》出版发行后，很快销售一空，一封封读者来信送到我的案头。这里，有往昔友人的关心，也有不少素昧平生的朋友的厚爱。他们当中，有老年人、中年人，还有不少青年人。他们的文化素养参差不齐，从事的职业各不相同，但他们在信中表达出一个共同的心愿：渴望更多看到有关毛主席的真实史料。对于我把接触毛主席的亲身经历记录下来，并能实事求是地对待历史问题，他们给予热情的肯定和赞许。信中，无论是鼓励、建议，还是切磋、指正，字里行间都透出真诚率直，令我十分感动。借此机会，谨向这些关心爱护我的朋友们表示深深的谢意。

一位自称"晚辈共产党人"的四川青年，说他把那本书通读了八遍；还说看了书中文章，联系现实进行了钻研比较，对书中所说邓小平建设有中国特色社会主义理论是对毛泽东思想的继承和发展，"有了更深刻的认识"。他认为，"这本书对有志献身当今中国现代化建设、改革开放大业的中青年共产党人提供了珍贵的史料和有现实意义的历史经验"。读过这些读者来信，深深感到，像我这样接触过毛主席的老同志，把接触毛主席的往事写出来，把自己心中的毛主席写出来，是一种历史的责任，必须本着实事求是的科学态度，把这项工作做好，才无愧于时代，无愧于后人。正是基于这种想法，我在继续写回忆文章的同时，对已发表的，作了新的补充、订正和重要修改。在全书结构和编排上，把有利于突出"毛主席教我们当省委书记"这一主题的文章放在前边，按发表的先后编排；把另外几篇有关文章放在后边；把前书序言附在后边，以反映这本书与《一个省委书记回忆毛主席》之间的关系。

在本书付梓之际，我向曾在百忙中为《一个省委书记回忆毛主席》撰写序言的中共山西省委书记胡富国同志，为出版本书自始至终给予我诸多支持和帮助的原中共中央文献研究室主任李琦同志和中央文献出版社副总编辑镡德山同志表示由衷的感谢。

刘贯文同志曾自始至终协助我写作，艾炜、冯东书、李约翰、王春明、赵海望、阎香明、刘铮等同志和《党史文汇》编辑部诸同志、山西省档案局诸同志，曾在写作过程中给予过各种支持和帮助，在此一并致以诚挚的谢意。